FLORESTA, CACAU E CHOCOLATE

FOREST, CACAO AND CHOCOLATE

ADMINISTRAÇÃO REGIONAL DO SENAC NO ESTADO DE SÃO PAULO
Presidente do Conselho Regional:
Abram Szajman

Diretor do Departamento Regional:
Luiz Francisco de A. Salgado

Superintendente Universitário e de Desenvolvimento:
Luiz Carlos Dourado

EDITORA SENAC SÃO PAULO
Conselho Editorial:
Luiz Francisco de A. Salgado
Luiz Carlos Dourado
Darcio Sayad Maia
Lucila Mara Sbrana Sciotti
Jeane Passos de Souza

Gerente/Publisher:
Jeane Passos de Souza

Coordenação Editorial:
Márcia Cavalheiro Rodrigues de Almeida

Comercial:
Marcelo Nogueira da Silva

Administrativo:
Luís Américo Tousi Botelho

Edição de Texto:
Adalberto Luís de Oliveira
Gabriela Lopes Adami

Preparação de Texto:
Ana Maria Fiorini

Revisão de Texto:
Gabriela Lopes Adami (coord.)
Rodolfo Santana

Versão para o Inglês:
Michele A. Vartuli

Direção de Arte:
Luiza Olivetto

Editoração Eletrônica:
Larissa Boaventura
Antonio Carlos De Angelis

Impressão e Acabamento:
Art Printer Gráficos Ltda.

Proibida a reprodução sem autorização expressa.
Todos os direitos reservados à
EDITORA SENAC SÃO PAULO
Rua 24 de Maio, 208 – 3º andar – Centro – CEP 01041-000
Caixa Postal 1120 – CEP 01032-970 – São Paulo – SP
Tel. (11) 2187-4450 – Fax (11) 2187-4486
E-mail: editora@sp.senac.br
Home page: http://www.editorasenacsp.com.br

© Editora Senac São Paulo, 2016

LUSTE PROJETOS EDITORIAIS E CULTURAIS
Editor:
Marcel Mariano

Editores Associados:
Ayrton Luiz Bicudo
Alice Penna e Costa

Pesquisa de Imagem:
Goya Cruz

Produção Executiva:
Monna Ricotta

Colaboradores:
Mariana Marshall
Tom Cardoso

Fotografias:
Christian Cravo
Victor Affaro
Luiza Olivetto
Diego Badaró

Tratamento de Imagens:
Estúdio Apuena (ensaio Christian Cravo)

LUSTE PROJETOS EDITORIAIS E CULTURAIS LTDA.
Rua Rubens Maragliano, 171 – Morumbi
CEP 05658-030 – São Paulo – SP
Tel. (11) 2385-9800 / 2385-9600
E-mail: luste@lusteditores.com.br
Home page: http://www.lusteditores.com.br

Dados Internacionais de Catalogação na Publicação (CIP)
(Jeane Passos de Souza – CRB 8ª/6189)

Olivetto, Luiza
    Floresta, cacau e chocolate = Forest, cacao and chocolate / Luiza Olivetto, Diego Badaró. – São Paulo: Editora Senac São Paulo; Luste Editores, 2016.

    ISBN 978-85-396-1060-0

    1. Chocolate 2. Cacau I. Badaró, Diego. II. Título.

16-380s

CDD-641.3374
BISAC CKB018000
CKB105000

Índices para catálogo sistemático:
1. Chocolate   641.3374
2. Cacau   633.74

LUIZA OLIVETTO
DIEGO BADARÓ

FLORESTA, CACAU E CHOCOLATE
FOREST, CACAO AND CHOCOLATE

SUMÁRIO

CONTENT

NOTA DO EDITOR 6
PREFÁCIO 9
INTRODUÇÃO 17

1. FLORESTA 27
27 Devoção à natureza
28 Todas as plantas, todos os bichos
36 Desmatamento

2. CACAU 76
76 História do fruto
79 No coração da floresta, na alma dos homens, todo dia a natureza
80 O cultivo do cacau
83 As famílias produtoras
90 A vassoura-de-bruxa
104 O renascimento

3. CHOCOLATE 159
159 100% cacau
160 Os mercados do chocolate e suas implicações
164 O chocolate de origem
168 O chocolate brasileiro no exterior
179 O Salon du Chocolat Bahia 2012
183 Brasileiros fazendo chocolate: o lado humano

4. DO CACAU AO CHOCOLATE, DO SONHO À REALIDADE: PASSADO, PRESENTE E FUTURO 246

EDITORS' NOTE 6
PREFACE 13
INTRODUCTION 21

1. FOREST 55
55 Devotion to nature
56 All the plants, all the beasts
63 Deforestation

2. CACAO 123
123 History of the fruit
125 In the heart of the forest, in the souls of men, nature everyday
129 Cacao cultivation
134 The farming families
140 The witches' broom
146 The rebirth

3. CHOCOLATE 197
197 100% cacao
201 The chocolate markets and their implications
204 Origin chocolate
217 Brazilian chocolate abroad
225 The Salon du Chocolat Bahia 2012
233 Brazilians making chocolate: the human side

4. FROM CACAO TO CHOCOLATE, FROM DREAM TO REALITY: PAST, PRESENT AND FUTURE 262

NOTA DOS EDITORES

EDITORS' NOTE

Palavra-chave: orgânico, no sentido mais amplo dessa palavra, uma vez que a proposta dos autores, Diego Badaró e Luiza Olivetto, se relaciona não apenas com a produção do chocolate, mas também com a recuperação do cacau como lavoura, aqui inteiramente envolvida com a preservação da Mata Atlântica. Orgânico no sentido da estreita trama que tudo relaciona: planta/plantio, homem/terra, qualidade de vida/produção. E o chocolate como expressão de cultura.

A busca pelo chocolate de qualidade coloca em questão a própria economia do país, uma vez que investimentos no território produtor, que é o sul da Bahia, e a consequente valorização das famílias rurais envolvidas no plantio, na colheita, no manuseio das amêndoas de cacau e na transformação dessa matéria-prima em chocolate significam desenvolvimento nacional.

Confeccionar um chocolate que tem reconhecimento internacional significa, dessa forma, proporcionar preservação ambiental de uma das áreas mais ricas em biodiversidade por metro quadrado do planeta, maior qualidade de vida e geração de muitos empregos.

Lançamento do Senac São Paulo em coedição com a Luste Editores, *Floresta, cacau e chocolate* visa contribuir com a conscientização de potencialidades que estão ao alcance de nossas mãos. ∎

Keyword: organic, in the broadest sense of the word, considering that the purpose of the authors Diego Badaró and Luiza Olivetto relates not only to chocolate production, but also to the rescue of cacao as a plantation, here totally involved in the preservation of the Atlantic Forest. Organic, in the sense of the close fabric that links everything: plant/plantation, man/land, quality of life/production. And chocolate as an expression of culture.

The search for quality chocolate brings into question the country's economy itself, because investments on this producing land in the south of Bahia, and the ensuing empowerment of the rural families involved in the plantation, harvesting, processing of cacao beans and transformation of that raw material into chocolate represent national development.

To produce an internationally recognized chocolate means, therefore, to ensure the environmental preservation of one of the planet's richest areas in biodiversity per square meter, to improve quality of life, and to generate many jobs.

Published by Senac São Paulo in association with Luste Editores, *Forest, cacao and chocolate* seeks to contribute by raising awareness about potentialities that are within our reach. ∎

PREFÁCIO

LUIZA OLIVETTO

Este livro é um diário de nossas vidas mergulhadas na floresta, no plantio e na história do cacau ao sul da Bahia. E também no chocolate que produzimos e vendemos nos mercados nacional e internacional.

Esta experiência tem início na nossa crença de que a preservação e o reflorestamento das florestas brasileiras são fundamentais para a sobrevivência de todas as espécies de vida. De todos os reinos.

A narrativa começa em um plano aberto, enquadrando toda a Mata Atlântica, passando pelo plantio de cacau, pelo trabalhador, e fechando o plano no chocolate. Uma mesma história, cheia de estórias... narrada por vários personagens que fazem parte desse cenário socioeconômico composto de todas as cores emocionais e camadas densas de muitas gerações.

Além de minha recente vida nesse universo e das tantas que Diego representa hoje como quinta geração de cacauicultores da região, chamamos Mariana Marshall, Tom Cardoso e Goya Cruz para nos ajudarem a levantar depoimentos de pessoas que conhecemos em todo o mundo do chocolate.

Documentos históricos, fotos de época, fotos recentes, pinturas, interferências e colagens também são utilizados para contar esses fatos que só assim, nessa linguagem, puderam ser "organizados", dando expressão ao envolvimento nesse universo mágico-realista das florestas de cacau e chocolate. Christian Cravo se juntou à nossa estória com as fotos que fez especialmente para esse livro, viajando com Diego pelas fazendas. Diego e eu também nos equipamos de nossa 5D e registramos tudo enquanto andamos por aí, entre Ilhéus, Itacaré, Itajuípe, Coaraci e Salvador.

Conheci em São Paulo Jeane Passos, uma baiana por quem me encantei na primeira conversa que tivemos e que, de cara, quando falei deste trabalho, me perguntou se eu gostaria de publicar pela Editora Senac São Paulo, da qual ela é gerente. Marcamos um café. Falei da Luste, a editora de Marcel Mariano que, por intermédio de Ayrton Bicudo e Alice Pena, já tinha se apaixonado pelo projeto, e resolvemos trabalhar em parceria. E aqui estamos.

Com esse grupo de primeira e todas as pessoas envolvidas na construção deste relato, espero poder contar o que sentimos e vivemos nesses anos de construção e batalha pelo renascimento da cultura do cacau na Bahia e sua importância na economia, na história e na preservação das florestas dessa região.

Estamos só no começo de um longo conto. Não queremos ser didáticos, não queremos ser historiadores. Queremos ser artistas, trabalhadores e pessoas de fé. ∎

PREFACE

LUIZA OLIVETTO

This book is a journal of our lives deep within the forest, of the growth and the history of cacao in the south of Bahia. And also an insight on the chocolate we produce and sell on national and international markets.

This experience begins with our belief that the preservation and reforestation of Brazilian forests are fundamental to the survival of all living species. In all kingdoms.

The narrative begins with a wide shot showing the whole Atlantic Forest, going through cacao plantation, the workers, and closing in on chocolate. A common history full of stories... narrated by several characters who belong to this socioeconomic scenario formed by all emotional colors and dense layers of many generations.

Besides my recent life in this universe and the many lives Diego represents today, as the fifth generation of cacao growers in the region, we summoned Mariana Marshall, Tom Cardoso and Goya Cruz to help us collect statements from people we know inside the whole world of chocolate.

Historical documents and photographs, recent photographs, paintings, interferences and collages are also used to tell these facts, which only this way, in this language, could be "organized", giving expression to the involvement in the magical-realistic universe of cacao and chocolate forests. Christian Cravo joined our story with the pictures he has taken especially for this book, traveling with Diego through the farms. Diego and I also grabbed our 5D and recorded it all, while we roamed around Ilhéus, Itacaré, Itajuípe, Coaraci and Salvador.

In São Paulo, I met Jeane Passos, a "baiana" (born in Bahia) woman who charmed me since the very first conversation we've had and who, up front, when I mentioned this project, asked me whether I would like to publish it through Senac São Paulo, the publishing house where she works as a manager. We talked about it over coffee. I told her about Marcel Mariano's Luste publishing house, where Ayrton Bicudo and Alice Pena were already in love with the project, and we decided to establish a partnership. So here we are.

With this top-notch group and all of the people involved in the construction of this rendition, I hope to be able to tell what we've felt and lived during these years of building and struggling for the rebirth of cacao culture in Bahia and its importance for the economy, the history and the conservation of forests in that region.

We are only at the beginning of a long tale. We don't intend to be teachers, we don't intend to be historians. We intend to be artists, workers and people of faith. ■

INTRODUÇÃO
LUIZA OLIVETTO

UM SONHO NO COMEÇO DE TUDO

Estamos agora, eu e Diego, em 2002. Acabamos de nos conhecer. Eu venho de São Paulo, apaixonada por florestas, ecologia, preocupada com as questões de preservação dos recursos naturais, convicta de que nosso lastro, nossos ativos fundamentais são justamente estes recursos: água, ar, terra e fogo para acreditar e fazer.

Diego Badaró, recém-chegado de uma temporada nos Estados Unidos, filho de Kátia e de José Luís, neto de Humberto e Núbia Borges Badaró, tem uma relação visceral com a natureza desde antes de nascer, por herança de cinco gerações, e desde os primeiros dias de vida, por vontade da mãe e da avó.

Assim, nós nos encontramos e, algum tempo depois, estamos na mata, fazendo as nossas oferendas e falando sobre a biodiversidade, sobre a preservação das florestas, sobre o que fazer por essa causa. Fico sabendo da saga de sua família e procuro conhecer melhor, quando descubro os livros de Jorge Amado: *Terras do sem-fim* e *São Jorge dos Ilhéus*. Então a família de Diego plantava cacau à sombra da Mata Atlântica no sul da Bahia...

E é isso que resolvemos fazer: voltar para lá e plantar cacau.

O plantio de cacau à sombra das grandes árvores da Mata Atlântica é o ideal para fazer valer nosso sonho de preservar as florestas. E reflorestar as áreas devastadas. Foi assim e assim tem sido.

Voltamos, começamos a produzir cacau orgânico de excelente qualidade e saímos a vender direto aos chocolateiros da Europa. Nada de *commodity*. Nada de fornecer cacau a qualquer preço, de qualquer qualidade a um mercado acostumado a não selecionar.

Um mercado acostumado a comprar qualquer cacau. Mal fermentado, doente, mal plantado, mal colhido, que importa? Vai tudo ser misturado e torrado a altas temperaturas mesmo. E no final é só misturar muito açúcar, gordura, conservantes, essências artificiais... Vai tudo ficar um doce bem doce, sem que quase se sinta o gosto do cacau. Mas o mercado acostumou o gosto do povo a isso, e todo mundo tem comido esse achocolatado pensando que é chocolate.

Só que nós não queremos isso.

Nós queremos fazer o cacau ser para o chocolate o que a uva é para o vinho. Nós queremos fazer o melhor plantio de cacau, o mais bem tratado, com os melhores caldos orgânicos, as melhores fermentações, a melhor secagem.

Nós queremos curtir o processo e entregar essa cultura, e todo o tempo que foi dedicado até aquele momento, à boca de alguém que vai suspirar e, pedaço por pedaço, vai sentir a diferença num pedaço de chocolate feito com o nosso cacau. Vai sentir, ao deixar derreter o chocolate entre o céu da boca e a língua, as safras, as estações, as chuvas, a umidade da terra, o cheiro da chuva caindo sobre as árvores da mata, o cheiro da fruta madura do cacau sendo cortada por enormes facões, manuseada por homens fortes, negros, mulatos, brancos, que entraram pelas plantações, colhendo nos pés de cacau os frutos vermelhos, roxos, amarelados, e colocando-os em cestos de vime e cordas. É assim que o cacau chega aos nossos sentidos: tropical, nem negro nem branco. Cor quente de chocolate. ■

INTRODUCTION

LUIZA OLIVETTO

A DREAM AT THE BEGINNING OF IT ALL

We are now, Diego and I, in 2002. We've just met for the first time. I come from São Paulo, in love with forests and ecology, concerned about natural resources' conservation issues, convinced that our mainstay, our fundamental assets, are exactly such resources: water, air, land and fire – fire to believe in things and make them happen.

Diego Badaró, just arriving from a season living in the US, son of Kátia and José Luís, grandson of Humberto and Núbia Borges Badaró, has had a visceral relationship with nature since before he was born, inheriting it from five generations, and since his first days of life, by will of his mother and grandmother.

So we've met and sometime later we're in those woods, making our offerings and speaking about biodiversity, about forest preservation, about what can be done for that cause. I become aware of his family saga and try to get to know it better when I discover Jorge Amado's books *The violent land* and *The golden harvest*. So Diego's family used to grow cacao trees under the shade of the Atlantic Forest in the south of Bahia... And that's what we decide to do: we're going to go back there and grow cacao.

Growing cacao in the shade of the Atlantic Forest's big trees is ideal to fulfil our dream of conserving the forests and reforesting the razed areas. So it was and so it has been.

We went back, we started producing organic cacao beans of excellent quality and selling them directly to Europe's chocolatiers. Not as a commodity. Not selling cacao of any old quality, at any old price, to a marketplace that has grown used to not pick and choose.

A marketplace that is accustomed to buy any old cacao. Poorly fermented, diseased, poorly grown, poorly picked... So what? It's all going to get mixed up and roasted at high temperatures anyway. And in the end you just need to add lots of sugar, fat, preservatives, artificial flavorings. It will become a very sugary candy with almost no cocoa flavor. But the marketplace got people used to that, and everybody eats that chocolatey concoction thinking it's chocolate.

But we don't want that.

We want cacao beans to be to chocolate exactly what grapes are to wine.

We want to have the best planted, best cared for cacao, with the best organic juices, the best fermentation, the best drying.

We want to enjoy the process and deliver this culture, and all the time which was dedicated to it up to that moment, to the mouth of someone who will sigh and, bit by bit, taste the difference in a piece of chocolate made with our cocoa. They will feel, as the chocolate melts between the roof of their mouth and their tongue, the harvest, the seasons, the rain, the earth's wetness, the smell of rain falling on the woods, the smell of ripe cacao fruits being cleaved by huge knives, handled by strong black, mulatto, white men who walk through the plantations, plucking from the cacao trees the red, purple, yellowish fruits and putting them in wicker and rope baskets. This is how cocoa comes to our senses: tropical, neither black nor white. The warm color of chocolate. ■

1. FLORESTA

> **O CACAUEIRO É UM SÍMBOLO DE PRESERVAÇÃO DA FLORESTA TROPICAL, E A FLORESTA TROPICAL É UM SÍMBOLO DE PRESERVAÇÃO DO NOSSO PLANETA.**
> (FRANÇOIS JEANTET)

DEVOÇÃO PELA NATUREZA

A Mata Atlântica sempre me pareceu a imagem mais próxima do paraíso.

Toda vez que imagino o Éden, visualizo um jardim de flores exuberantes, coloridas, luzes filtradas entre a folhagem – prismas, na verdade – reproduzindo brilhos em forma de estrelas de milhares de pontas, gotas d'água ampliando a luz, verdes de todos os verdes, vermelhos de todos os vermelhos, amarelos, laranjas, azuis, lilases, tons de preto, tonalidades, semitons, fragmentos, partículas de tons. E tudo ao mesmo tempo, nítido e confuso, transparente, denso e misturado.

Descobri que a isso se dá o nome de biodiversidade. No caso dessa floresta, a maior biodiversidade por metro quadrado do planeta! Isso quer dizer que temos, em nosso território, nesse pedaço de terra que chamamos de Brasil, grande parte das formas de vida dessa coisa redonda nomeada Terra. Que responsabilidade!

E aqui estamos nós, esses que somos, portugueses/europeus, índios, negros, orientais, também biodiversos, a habitar esta terra a que demos o nome de uma árvore: Brasil.

Árvore é a primeira pessoa das lendas culturais. Árvore da vida, cabala, Yggdrasil, Baobá, Brasil. A primeira árvore desta terra, que virou negócio e foi levada às toneladas para uma Europa mercantil, focada na exploração das novas terras, do mundo recém-descoberto e rico em matéria-prima. Pau-brasil, um pau em brasa, vermelho intenso, que virou móveis e corante e hoje é usado para fazer instrumentos musicais – mais especificamente, arco de violino –, a árvore mais explorada no início da colonização portuguesa, a ponto de quase ser extinta, considerada a mais nobre e valiosa árvore: incorruptível porque não apodrece e não é atacada por insetos. Esta é a árvore que nos nomeia.

Se essa é a nossa mitologia, estamos "bem na fita". Basta, agora, corresponder ao mito.

TODAS AS PLANTAS, TODOS OS BICHOS

Quando li a respeito do pau-brasil, vi que seu nome científico, *Caesalpinia echinata*, é uma homenagem feita pelo botânico francês Charles Plumier ao médico e botânico de Arezzo, Itália, Andrea Cesalpino. Italianos, franceses, portugueses, árabes, todos os povos utilizavam corantes de árvores em suas roupas, e neste novo mundo encontraram o mais perfeito tom de vermelho, o mais vivo e vibrante, extraído dessa incorruptível árvore Brasil.

Gosto de pensar que Brasil, a árvore, faz os melhores arcos de violino. Dos melhores violinos, extraindo o melhor e mais puro som do encontro de sua madeira com as cordas esticadas. Um som que, imagino, contém todos os sons da profusão da Mata Atlântica.

Gosto do som da palavra Mata e da palavra Atlântica. Gosto do som de sua definição: floresta ombrófila densa. Gosto de saber que ombrófila vem do grego e quer dizer "amigo da chuva".

Orquídeas, bromélias, um sempre verde, arbustiva, palmeiras, trepadeiras, samambaias, figueiras, palmitos, ipês, jacarandás, jequitinhonhas, paus-d'arco, paus-d'óleo, begônias, orquídeas, cipós e briófitas. Pau-brasil, peroba, jequitibá-rosa, cedro, tapiriria, andira, ananás, angico, sucupira, paineira, vinhático, copaíba, quaresmeira, sapucaia. *Theobroma grandiflorum*, cupuaçu. *Theobroma cacau*, cacau.

E gosto do cheiro dessa mata. Mistura da chuva nas folhas e flores de todos os perfumes, de quando a água escorre por dentro da folhagem, das pétalas, dos pistilos, e chega ao chão de terra. Cheiro de terra molhada pela chuva dessa *rainforest* amiga da chuva. É esse o cheiro que virou perfume de muitas grifes e que me inunda a memória quando não estou lá e me lembro.

Por dentro dessa mata, ando com medo e excitação. "Tem cobra", me avisam. E nem precisavam. Eu sei.

É assim uma floresta tropical: solo com cobertura de húmus (de 30 cm a 50 cm) proveniente da decomposição de folhas, frutos, fezes e cadáveres de animais. Solo sombreado, umidade altíssima por conta do índice pluviométrico, clima quente-úmido.

CARACTERÍSTICAS DAS FLORESTAS TROPICAIS: BIODIVERSIDADE RIQUÍSSIMA COM GRANDE QUANTIDADE DE ESPÉCIES VEGETAIS E ANIMAIS. MUITAS DESSAS ESPÉCIES SÃO AINDA DESCONHECIDAS DO SER HUMANO.

Sombra, árvores de cinquenta metros de altura, onças-pintadas, tamanduás-bandeira, porcos-do-mato, micos-leões-dourados, pacas, borboletas, besouros, grilos, sapos, araras, beija-flores, pica-paus, tucanos, pavões, garças, aranhas e muitos outros animais desconhecidos. E muita, muita cobra.

Uma série de formações florestais compõe a Mata Atlântica: ombrófila densa, ombrófila mista, decidual, semidecidual aberta. Essa variedade é explicada por conta dos diversos ecossistemas que se comunicam e observam perfis climáticos de cada região em sua extensão territorial, como restingas, mangues e campos de altitude. Sempre ao longo do oceano Atlântico, passando por todos os estados da costa onde originalmente essa imensa mata existia, onde os ventos do mar e as bacias hídricas alimentavam suas diferenças fitofisionômicas.

Me vem à mente o livro *A viagem do Beagle*, o relato de Charles Darwin sobre sua viagem à América do Sul. Uma experiência decisiva para a construção de sua teoria da evolução das espécies. Diante da exuberância da Mata Atlântica, Darwin escreve: "Podia contemplar sem dificuldades bosques, flores, pássaros, e a satisfação de observá-los é infinita. As árvores eram grandiosas e extraordinárias em comparação com as da Europa".[1]

Enquanto Darwin descrevia seu espanto com a grandiosidade da floresta tropical, Augustus Earle pintava suas paisagens, assim como muitos outros pintores e gravuristas: Frans Post, Albert Eckhout, Gilles Peters, Debret e, mais tarde, Marianne North

---

[1] DARWIN, Charles. *A viagem do Beagle*. Lisboa: Relógio D'Água, 2009.

e Margareth Mee, ao longo dos séculos que seguiram a descoberta do Brasil.

Penso em como terá sido acachapante a experiência de chegar nessas terras e dar de cara com estas matas. Hoje, quando estamos reduzidos a aproximadamente 7% do total de toda a floresta que se estendia das pontas mais remotas de sul a norte do país, o impacto de chegar às áreas ainda preservadas é imenso. E é como me sinto quando estou aqui: acachapada!

***

A primeira vez que entrei pela mata da fazenda Natividade, perto de Itajuípe, no sul da Bahia, pisei em vastas extensões de folhas secas caídas dos pés de cacau. Aquele bando de pé de cacau, à sombra das grandes árvores, aquela luz filtrada, chegando a mim e me camuflando de claro-escuro. Senti a presença de todos os animais. Uma espreita acompanhada de sons dos animais menores, dos sapos, dos grilos, das cigarras, e de meus pés quebrando as folhas à medida que avançávamos na direção da plantação de cacau. Um sem-fim de árvores cheias de frutos vermelho-amarelados, com nuances de roxo, verde, num tamanho de vinte centímetros de comprimento por dez centímetros de diâmetro. Sentia – sem ouvir de fato – a respiração de todos os animais. Principalmente os imensos, enormes e invencíveis felinos.

Aquele barulho de nossas pisadas me dava um certo conforto de que estávamos, assim, anunciando nossa passagem, e, portanto, todos os habitantes do local se afastariam em respeito à nossa majestade humana. Esse certo conforto alternava-se com uma sensação de perigo iminente, provocada pela adrenalina produzida por meu corpo e jogada em minha corrente sanguínea.

Isso me fazia duvidar da nossa importância na cadeia animal e abria uma brecha para a constatação – perdida a fé em minha superioridade humana – de que estávamos no território deles, dessa turma que também foi criada pela lei universal da ordem de alguma coisa que eu não sei explicar até o fim, mas tento sempre.

Chegamos ao início de um rio. Uma nascente, com pouca água, escorrendo entre pedras pretas. Água limpa, transparente. Um barulhinho de água em pedra: algo sibilante, musical, início de uma sinfonia. Lá fizemos uma oferenda às forças da natureza. Pedimos licença aos elementos.

"É isso", de repente me dei conta. Temos que falar com toda essa turma da mata, pedir licença para passar. É assim que rola. É essa a fé que tenho que ter.

Preciso acreditar que no mais íntimo das relações entre todas as formas de vida, o princípio que nos rege é a delicadeza, o respeito e a igualdade. Não quero nem pensar na lei do mais forte, e muito menos nos instintos básicos de sobrevivência. Quero elevar, elevar. Rezar e passar. Se eu conversar, pedir licença, eles vão me respeitar. Vão deixar que eu siga mato adentro.

"As cobras não atacam". Assim o pessoal da região me diz. Ainda não sei se dizem isso para que eu me acalme ou se de fato faz sentido que elas não queiram nada comigo, como parecem não querer com Pedro, que está ali há mais de cinquenta anos e continua vivo.

Faço uma série de considerações lógicas, utilizando todo o arsenal que Aristóteles nos legou, e acho graça, sozinha, sem explicar meu riso aos presentes, da ideia de ter o grego aqui a meu lado, me ajudando a enfrentar as cobras no meio da floresta quente-úmida brasileira, na costa do oceano Atlântico, na primeira região aqui visitada por europeus tanto tempo atrás.

Afinal, sou filha, neta, bisneta, tataraneta e outras netas de portugueses, holandeses e índios. E devo fazer uso do que me foi dado conhecer.

De qualquer maneira, todos esses ancestrais não estão ajudando a baixar minha adrenalina.

Penso o tempo todo em voltar para uma área conhecida, dominada, civilizada e domada: a região da casa de pedra, perto da barcaça de cacau, ao lado da casa onde mora seu Zé e onde penso que talvez as cobras não estejam. Ou pelo menos não se sintam tão à vontade.

A cerimônia de oferenda à natureza dura muito tempo, considerando meu estado de alerta. Mas fico firme, mesmo lembrando Diego, nosso cerimonialista, que se apresse. Está escurecendo, vai ser mais difícil voltar para casa, em frente ao pátio da barcaça.

A cerimônia: muitas flores colhidas, entregues nesse ponto de início das águas que descem e formam um rio volumoso no decorrer de sua trilha. Aqui, essa pouca água brota milagrosamente das pedras. Água que vem do chão, da mesma criação de tudo. O mesmo mistério. Esse olho d'água.

Dias depois, minha amiga Lucinha, em Salvador, sonha que me vê num local, no meio da mata, perto de uma nascente de rio, falando com uma senhora que me dá presentes, e eu a ela. Digo a Lucinha que o sonho procede.

Alguns anos depois, meu amigo Alex, em São Paulo, me presenteia com a história de Nossa Senhora da Natividade de Minas Gerais. Constato a coincidência dos nomes da fazenda e da santa. Lembro daquele começo de rio e de quanta emoção vivi por conta da mata, da água, das pedras, do cacau, das cobras, do caminho de ida e depois do caminho de volta à casa da fazenda.

A convivência com a natureza obriga a isto: pensar na sobrevivência, nas questões prioritárias, na escala de importância do estado de vida. As cidades dão a falsa, hipócrita ilusão de que está tudo sob controle. Total engano, eu sei. Mas esqueço quando estou em casa, no apartamento, alguns metros acima do chão. Aqui na fazenda é chão, terra, mato, bichos. É outro assunto. Na cidade quem amedronta é o homem. Um bicho bem mais perigoso, sem dúvida alguma.

***

Chegamos ao pátio e Diego conversa com seu Zé e Mundão sobre a safra, a qualidade do cacau, o plantio, a aplicação do biogeo. Checa os tonéis, sente o cheiro daquele líquido pastoso, borbulhante, cheio de material em decomposição. Um caldeirão de bruxo. Observo aqueles homens conversando em torno do caldeirão e constato o conhecimento deles sobre aquele assunto.

Diego estudou, pesquisou e acreditou que esse caldo biodiverso é o grande alimento para as plantas. A terra em que plantamos o cacau tem que ser fertilizada com essa mistura orgânica de pó de rocha do sertão, água do mar deste sul da Bahia, água dos rios que descem da Chapada Diamantina – carregados de partículas de diamantes, imaginamos – e os compostos de toda a diversidade biológica da Mata Atlântica. Essa é a mistura que vai fazer nosso cacau ficar saudável e guardar toda essa memória do DNA da nossa terra. Assim explica Diego aos homens que estão ali nas fazendas há muitos anos.

De pai para filho, esses homens aprenderam a plantar e a cuidar do cacau. Diego também aprendeu tudo sobre cacau com seus ancestrais. Há cinco gerações esses Badarós estão na região, assim como estão as famílias de Pedro, Mundão, Zé Carlos... E assim como estão outras famílias: Tavares, Oliveira, Lavigne, Kruschewsky, Carvalho, Almeida, Adami de Sá, D'El-Rey, Hohlenwerger, Bittencourt, Berbert de Castro, Maron, Muniz, Barreto, Villas Boas...

Diego, no ano de 2002, quis contar ao pessoal das fazendas sobre o biogeo. "Esse composto orgânico vai fazer as nossas árvores resistirem às doenças, vai fazer o cacau ficar mais rico em sabores". Diego e João Bernardo formaram uma escolinha na região para ensinar a mistura orgânica. Foi muita gente receber diploma. E toda essa gente das fazendas de Diego e João começou a usar o caldo dos tonéis.

No início, a turma, acostumada havia anos com um plantio tradicional, com adubos químicos, ficou no modo "ver para crer". E na primeira safra após o uso do caldo, eles viram e acreditaram. As árvores saudáveis davam frutos lindos, coloridos, suculentos, abundantes. Foi uma festa!

DESMATAMENTO

Quando os portugueses – nós, por acaso – chegaram aqui, a Mata Atlântica ocupava uma área de aproximadamente 1.320.460 quilômetros quadrados. Ia do Rio Grande do Sul ao Piauí, passando por todos os estados da costa Atlântica.

Hoje considerada um *hotspot* mundial – a área mais rica em biodiversidade e a mais ameaçada do planeta –, a Mata Atlântica é Reserva da Biosfera, assim decretada pela Unesco, e é patrimônio nacional, como consta na Constituição Federal de 1988.

Ali se encontram alimentos e plantas medicinais: são mais de 25 mil espécies, sendo 9 mil endêmicas. Os mamíferos conhecidos representam mais de 270 espécies. Quase mil espécies de pássaros. Mais de 200 espécies de répteis, 380 de anfíbios, 350 tipos de peixes. Sete das nove bacias hidrográficas do Brasil estão nessa mata, além de um dos maiores aquíferos do mundo: o Guarani.

Além da abundância de recursos e de espécies, vários outros benefícios se desenvolvem a partir da floresta, como a regulagem do clima, a conservação do solo, do fluxo de mananciais hídricos, entre outros. Sua contribuição é imprescindível tanto para a sobrevivência e qualidade de vida das espécies vegetais e animais – e claro, da população humana – quanto para as atividades que dependem da natureza, como a própria agricultura. Com tamanho patrimônio natural, essa mata auxilia ainda na geração de empregos e de renda com o ecoturismo, setor que vem crescendo no país.

Toda essa riqueza nutrida pela Mata Atlântica vem sendo gravemente abatida já há muitos anos.

O desmatamento dessa imensa e generosa floresta se deu por diversas razões ao longo de seu uso pelos humanos, desde antes de os europeus aqui chegarem. Das agriculturas itinerantes dos índios da Terra Brasilis, passando pelas culturas da cana-de-açúcar e do café, pelos pastos de gado, pela construção das ferrovias, pela ocupação populacional, até atingir proporções trágicas com os projetos dos anos militares: as grandes hidrelétricas inundando enormes áreas dessa vegetação riquíssima em tipos de vida, em espécies do planeta Terra... Entre outras causas, que a cada dia pressionam ainda mais a mata e suas áreas adjacentes.

A desconexão entre o que significa esse berço e origem da vida e os interesses econômicos imediatos, de olho na balança comercial, na venda de *commodities* – em especial a exploração de minérios – continua ameaçando essa riqueza brasileira que deveria ser considerada o nosso maior lastro, o nosso maior ativo, para usar uma linguagem financeiro-econômica bem ao gosto dos argumentos atuais de mais-valia.

Frederick Schilling, nosso parceiro nesta empreitada de recuperação da floresta por meio do plantio do cacau, relembra a importância e urgência de despertar a consciência ambiental em nossa sociedade:

> Vejo que, na maior parte do tempo, a sociedade está como que cega, adormecida para tudo o que diz respeito ao impacto que uma série de ações tem sobre o planeta, esquecendo o fato de que somos todos codependentes. Seres humanos são dependentes entre si e codependentes do ambiente natural, e ao longo dos últimos cem anos, se não mais, nós enquanto sociedade nos autorizamos a retirar e fazer uso dos recursos naturais, não reconhecendo sua finitude. Nós devemos adotar uma perspectiva, uma abordagem e ações sustentáveis, holísticas e de longo prazo, na forma como interagimos com o ambiente natural e seus recursos. Isso inclui nossos alimentos, nossos computadores, nossas roupas, nossos carros, tudo. Tudo o que fazemos, tocamos, consumimos tem início no mundo natural (...).

INSTITUIÇÕES COMO A FUNDAÇÃO SOS MATA ATLÂNTICA E O INSTITUTO NACIONAL DE PESQUISAS ESPACIAIS (INPE) TÊM DESENVOLVIDO PESQUISAS PARA AVALIAR QUANTO TEM SIDO DESMATADO NO PAÍS. NO PERÍODO DE 2013 A 2014, O DESMATAMENTO NO BRASIL CHEGOU A MAIS DE 18 MIL HECTARES — O QUE EQUIVALE, IMPRESSIONANTEMENTE, A 18 MIL CAMPOS DE FUTEBOL![2]

EMBORA O TOTAL DESMATADO TENHA DIMINUÍDO EM COMPARAÇÃO AOS ANOS ANTERIORES, OS NÚMEROS AINDA SÃO AMEAÇADORES, SE CONSIDERARMOS TUDO O QUE ESTAMOS PERDENDO COM ESSA DEVASTAÇÃO.

---
[2] SOS MATA ATLÂNTICA, "Dados mais recentes". Disponível em https://www.sosma.org.br/projeto/atlas-da-mata-atlantica/dados-mais-recentes/. Acesso em julho de 2015.

Hoje em dia, os remanescentes florestais da Mata Atlântica estão espalhados de forma desigual ao longo do território em que a floresta originalmente existia, representando apenas pequenas manchas em áreas urbanas e dentro de fazendas.[3] Somente uma pequena porcentagem (entre 7 e 8,5%) desses remanescentes está bem conservada em áreas acima de 100 hectares.

É assustador pensar que em quinhentos anos desmatamos quase toda a costa Atlântica. Derrubamos milhares e milhares de árvores, matamos uma infinidade de animais e contaminamos nascentes, destruímos rios, tocando fogo, inundando áreas ou explorando os recursos naturais sem nenhum critério de preservação e reposição. Uma lambeira só.

Por outro lado, quando penso que a floresta da Tijuca, no Rio de Janeiro, era uma imensa área desmatada por conta do plantio do café e que toda a área foi reflorestada, isso me dá uma sensação adorável de que é possível. A floresta da Tijuca foi reflorestada à época do Segundo Reinado, a mando de D. Pedro II que, ao concluir que o desmatamento estava provocando a escassez de água potável na cidade do Rio de Janeiro, encomendou o plantio de 100 mil espécies nativas da Mata Atlântica. Ao longo de treze anos esse trabalho foi feito. Como consequência, todas as espécies de vida animal voltaram a habitar essa lindíssima floresta urbana: a quarta maior área verde urbana do território brasileiro e uma das maiores do mundo.

Diversas outras iniciativas e programas mais recentes – vindos de governos, empresas, ONGs, etc. – têm surgido com a intenção de proteger as áreas de mata nativa e evitar o desmatamento.

UMA DAS MEDIDAS MAIS RECENTES, POR EXEMPLO, FOI A META DO DESMATAMENTO ZERO, ADOTADA POR VÁRIOS ESTADOS BRASILEIROS, PRINCIPALMENTE OS LOCALIZADOS NOS DOMÍNIOS DA MATA ATLÂNTICA, QUE SE COMPROMETERAM A AMPLIAR A COBERTURA FLORESTAL E PERSEGUIR A META DE ZERAR O DESMATAMENTO ILEGAL DO BIOMA ATÉ 2018.[4]

Apesar dos recentes dispositivos e metas oficiais, também têm sido apoiados pelos governos estabelecidos projetos de desmatamento desse *hotspot*, priorizando explorações de minério e hidrelétricas. Além disso, nosso sistema oficial de controle de desmatamento em todo o território brasileiro tem sido falho e muitas vezes conivente com a exploração e o desmatamento ilegais.

Por isso, a maior parte dessa vegetação ainda permanece sem proteção. As florestas ficam, então, vulneráveis à ação de diversos elementos e atividades que geralmente abatem

---

[3] ALIANÇA PARA A CONSERVAÇÃO DA MATA ATLÂNTICA, "Remanescentes". Disponível em http://www.alianca-mataatlantica.org.br/?p=11. Acesso em julho de 2015.

[4] SOS MATA ATLÂNTICA, "Estados assumem meta de zerar desmate ilegal da Mata Atlântica". Disponível em https://www.sosma.org.br/103209/nova-historia-para-mata-atlantica/. Acesso em julho de 2015.

grandes áreas verdes – como a exploração predatória de madeira e de espécies vegetais, a expansão da fronteira agrícola, a industrialização, a expansão urbana desordenada, a poluição...

O valor da biodiversidade é incalculável, por isso precisamos unir todos os esforços para preservar o que ainda temos e minimizar os danos – ambientais e sociais – que vêm da destruição de nossas florestas.

***

À medida que nosso interesse pela Mata Atlântica crescia e se aprofundava, mais nos imbuíamos da missão de conservá-la. E mais do que isso: da obrigação de reflorestar as áreas desmatadas.

É possível fazer aquilo a que nos propusemos: preservar e reflorestar as áreas de Mata Atlântica do sul da Bahia. O que era preciso: chegar a uma equação socioeconômica de uso da floresta. Uma floresta produtiva, a serviço do homem da terra para seu ganho e sustento. Claro, um sistema agroflorestal como o cacau é perfeito. O plantio do cacau feito à sombra da Mata Atlântica: não podia haver melhor solução para unir esses interesses.[5]

Frederick Schilling retrata bem a nossa preocupação com o reflorestamento e a relação entre a mata e a cultura do cacau:

Eu sempre amei as árvores. Para mim, elas são o exemplo perfeito para explicar o que vemos acontecer no mundo hoje: é muito mais quente quando estamos sob o sol, e se você quer se aliviar do calor, simplesmente vá para a sombra. O problema é que estamos cortando todas as árvores, a torto e a direito, sem replantá-las, e ainda nos perguntamos por que a Terra está esquentando. A Terra está esquentando porque estamos eliminando as sombras! É bem simples. (...) Quando eu comecei a me envolver com o cacau, passei a entender o papel que ele pode desempenhar na preservação das florestas, percebendo o fato de ser um alimento tão dinâmico que afeta as pessoas de uma forma tão específica.... É um alimento multidimensional amado por todo mundo, e esse amor é capaz de fazer toda a trajetória de volta para o solo. Enfim, eu quis muito utilizar o cacau como ferramenta de preservação da floresta e cultivá-lo do modo tradicional, com o que no Brasil se chama de cabruca. Lógico que os cacauicultores precisam produzir e expandir, mas que façam isso com responsabilidade, no modelo da cabruca, para que preservemos a floresta – vegetação primária incluída.

Segundo Rui Barbosa da Rocha, agrônomo e presidente do Instituto Floresta Viva, do sul da Bahia, a agrofloresta do cacau realiza muitos "serviços" ambientais, cujos benefícios não são exclusivos apenas da produção do cacau: ela mantém estáveis o clima da região, o regime de

---

[5] Esse sistema agroflorestal de plantio do cacau, típico da região, recebe o nome de cabruca. Nele, o cacau é plantado à sombra das árvores nativas da Mata Atlântica.

chuvas e as condições de temperatura, além de promover a proteção do solo e da água e ter um efeito positivo no controle de pragas e doenças.

François Jeantet, um dos fundadores do Salon du Chocolat de Paris, que há vinte anos realiza eventos por várias cidades do mundo, congregando os chocolateiros de todas as nações, diz:

> É também pela Mata Atlântica que o cacau é tão importante, nós dizemos isso todos os dias de nossas vidas. Aos jornalistas, falamos que chocolate é um meio de preservar o planeta e de estarmos em comunhão uns com os outros. (...) O cacaueiro é um símbolo de preservação da floresta tropical, e a floresta tropical é um símbolo de preservação do nosso planeta.

Além disso, a economia do cacau já é um negócio relevante para o país e tem potencial para gerar ainda mais empregos e recursos. Pedro Gomes, funcionário da fazenda Badaró há mais de trinta anos, contou em seu depoimento:

> Aqui na região a renda da gente é cacau. Gado é muito trabalho e pouco dinheiro, cacau dá mais, mesmo com toda a crise, mesmo com o que gasta. (...) Muita gente derrubou, queimou floresta, para trocar cacau pelo gado. Mas gado demora para receber, custa mais para manter. Cacau não, cacau se leva uma saca e se vende.

Um dos sonhos de Rui Rocha, como pesquisador, é ver a recuperação do cacau como lavoura, como cultura, de modo que essa recuperação se dê com o plantio de árvores nativas que possam ser sombreadoras da colheita do cacau. Em seu depoimento, ele ressalta ainda outras vantagens da produção desse fruto, e a importância do cacau para a economia e para o meio ambiente:

> O cacau é um fruto de uma riqueza sem fim. Além das propriedades nutritivas, medicinais, há também a questão estética – é um fruto belíssimo, uma fruta da floresta, da nossa floresta tropical úmida amazônica e mesoamericana. Durante os anos em que aprofundei o meu trabalho como pesquisador, com passagens por um instituto na Amazônia, com mestrado na área rural no Rio de Janeiro, fui ao mesmo tempo me encantando com a força do cacau. Nessa caminhada, inclusive, fiz uma pesquisa para o Banco Mundial, pela Fundação Getúlio Vargas (FGV) sobre o sistema agroflorestal. Para mim foi uma surpresa ver o quanto esse sistema agrícola era diferenciado, comparado com outras culturas agrícolas no mundo. Se você comparar o cacau com grandes culturas, como a cana-de-açúcar, o café, a laranja, a sua riqueza em termos de biodiversidade, de apropriação do solo da paisagem florestal, é algo incrível. (...) Para chegarmos lá, para recuperar o cacau, inclusive nas áreas que estão improdutivas, também é necessário readquirir a capacidade de financiamento.

Estamos falando de uma economia que gera muitos empregos, que gera recursos, que tem um potencial de movimentar meio bilhão de dólares por ano – podendo chegar até a 1 bilhão. E se a gente transformar o cacau em chocolate, esse número aumenta até vinte vezes. Estamos falando de um negócio de muita relevância para o país. Mas precisamos redesenhar a economia do cacau. Ele não pode ficar restrito à amêndoa – tem que ser conectado à economia do chocolate, que tem que vir da região, de dentro para fora, com a valorização das famílias rurais, e não o contrário, como tem sido feito. O sul da Bahia é meio que um pequeno país dentro de outro, um país imaginário, que tem tudo de bom para funcionar. E o chocolate é a coroa desse território.

No período de 2013 a 2014, a Bahia foi o terceiro estado que mais desmatou o bioma da Mata Atlântica.

Nossos sonhos são os mesmos que os de Rui: recuperar a mata com o cacau, expandindo a consciência da importância da preservação das florestas e ajudando, ao mesmo tempo, a recuperar o cenário socioeconômico da região. ∎

1. FOREST

THE CACAO TREE IS A SYMBOL OF THE TROPICAL FOREST'S PRESERVATION, AND THE TROPICAL FOREST IS A SYMBOL OF OUR PLANET'S PRESERVATION.
(FRANÇOIS JEANTET)

DEVOTION TO NATURE

The Atlantic Forest always seemed to me the closest possible image of Paradise.

Every time I imagine Eden, I visualize a garden of exuberant, colorful flowers, sunbeams filtered through the foliage – prisms, actually – reproducing sparkles as thousand-pointed stars, drops of water expanding light, greens of all greens, reds of all reds, yellows, oranges, blues, lilacs, shades of black, hues, half-tones, fragments, particles of hues. And everything at the same time, stark and confuse, transparent, dense and mixed.

I've learned that this is called biodiversity. In this forest's case, it is the planet's largest biodiversity per square meter! This means we have, in our territory, on this piece of land we call Brazil, most of the lifeforms of this round thing called Earth. Talk about responsibility!

And here we are, biodiverse as we are, Portuguese/Europeans, Native Brazilians, Africans, Asians, dwelling on this land which we named after a tree: Brazil.

The tree is the first character in cultural legends. The tree of life, Kabbalah, Yggdrasil, Baobab, Brazil. This land's first tree, which became a trade and was shipped, by the ton, to a merchant Europe, focused on the exploration of the new lands, of the recently discovered New World, rich in raw materials. Brazilwood, a blazing wood of intense red, which became furniture and dye, and currently is the raw material to produce musical instruments – violin bows, more specifically – the most exploited tree when Portuguese colonization began, cut down almost to extinction, and considered the noblest and proudest tree: incorruptible because it won't rot and cannot be attacked by insects. That's the tree which we were named after.

If that is our mythology, we are off to a great start. Now we just need to live up to the myth.

ALL THE PLANTS, ALL THE BEASTS

When I read about brazilwood, I saw that its scientific name, *Caesalpinia echinata*, was a tribute paid by French botanist Charles Plumier to Andrea Cesalpino, a physician and botanist from Arezzo, Italy. Italians, French, Portuguese, Arabs, all peoples used tree dyes in their clothing, and in this New World, they found the most perfect red hue, the most lively and vibrant, extracted from that incorruptible Brazil tree.

I like the idea that Brazil, the tree, makes the best violin bows. For the best violins, gleaning the best and purest sound when their wood hits the stretched strings. A sound which, I imagine, contains all the sounds from the Atlantic Forest profusion.

I like the sound of the words Atlantic and Forest. I like the sound of that forest's definition: dense ombrophile forest. I like to know that ombrophile comes from the Greek and means "rain-friendly".

Orchids, bromeliads, an evergreen, bushes, palm trees, ivies, ferns, fig trees, edible palms, bignonias, jacarandas, jequitinhonhas, copaibas, begonias, orchids, vines and bryophites. Brazilwood, peroba, jequitibá-rosa, cedar, tapiriria, andira, pineapple, angico, sucupira, ceiba, quaresmeira, sapucaia. *Theobroma grandiflorum*, cupuaçu. *Theobroma cacau*, cacao.

And I like the smell of these woods. A mix of rain on leaves and flowers of all perfumes, of the water seeping through the foliage, the petals, the pistils and hitting the earthen ground. Smell of earth soaked by the rain in this rain-friendly rainforest. This is the smell that became a perfume for many fashion designers and that floods my memory whenever I'm not there and I remember.

Amidst these woods, I walk with fear and excitement. "There are snakes", they warn me. There's no need for the warning. I know.

This is a tropical forest: soil with a humus layer (12 to 20 inches) resulting from the decay of leaves, fruits, feces and dead animals. Shaded soil, very high humidity on account of rain levels, hot and humid climate...

TROPICAL FORESTS' CHARACTERISTICS: VERY RICH BIODIVERSITY, WITH A GREAT VARIETY OF PLANT AND ANIMAL SPECIES. MANY OF THOSE SPECIES ARE STILL UNKNOWN TO MAN.

Shade, trees 50 meters tall, spotted jaguars, giant anteaters, wild boars, golden lion tamarins, pacas, butterflies, beetles, crickets, frogs, macaws, hummingbirds, woodpeckers, toucans, peacocks, herons, spiders and many other unkown animals. And snakes. Lots of snakes.

A series of forest formations comprises the Atlantic Forest: dense ombrophile, mixed ombrophile, deciduous, open semi-deciduous. Such variety is explained by the various ecosystems that communicate and observe each region's weather profile within their territorial extension, such as shoals, marshes, plateaus. Always along the Atlantic Ocean, over all the oceanic States where this immense forest originally existed, where the ocean winds and the river basins fed their phytophysiognomical differences.

The book A viagem do Beagle (*The voyage of the Beagle*),[1] the account of Darwin's voyage to South America, comes to my mind. A cornerstone experience to build his theory of the evolution of species. Facing the exuberance of the Atlantic Forest, Darwin writes: "I could contemplate without difficulty woods, flowers, birds, and the satisfaction of observing them is boundless. The trees were very lofty, and remarkable, compared with those of Europe".

While Darwin described his awe of the tropical forest grandeur, Augustus Earle painted its landscapes, just like many other painters and engravers: Frans Post, Albert Eckhout, Gilles Peters, Debret and, later, Marianne North and Margareth Mee, over the centuries following the discovery of Brazil.

I think how overwhelming the experience of arriving in these lands and facing these woods must have been.

Today, when we are left with about 7% of the total forest, which used to spread all over the coast, from north to south, the impact of arriving in the still-preserved areas is huge. And that's how I feel when I'm here: overwhelmed!

***

The first time I walked into the woods at Natividade Farm, near Itajuípe, in the south of Bahia, I stepped onto huge expanses of dried leaves, fallen from the cacao trees. All those cacao plants, under the shade of the big trees, that filtered light, bathing me and camouflaging me with a spotted pattern. I felt the presence of all the animals. A stalking accompanied by the sounds of the smaller animals, frogs, crickets, cicadas, and of my feet crumpling the leaves as we moved forward towards the cacao plantation. An endless parade of trees laden with reddish-yellow fruits with hues of purple and green, twenty centimeters long and ten across. I felt – without actually hearing it – the breathing of all the animals. Especially the huge, enormous and invincible felines.

The noise we made with our footsteps comforted me in a way, because we were thus announcing our passage, and therefore all the local inhabitants would move over, in respect to our human majesty. That kind of comfort took turns with a sensation of imminent danger, caused by the adrenaline my body was producing and dumping into my bloodstream.

That made me doubt our importance in the animal chain and enabled me to realize – having lost faith in my human superiority – that we were in their territory, the turf of this

---

[1] DARWIN, Charles. *A viagem do Beagle*. Lisbon: Relógio D'Água, 2009.

bunch who was also created by the universal law of the order of something which I cannot explain completely, even though I always try.

We arrived at the beginning of a river. A spring with little water, seeping through black stones. Clean, transparent water. The noise of water on stones. Something hissing, musical, the prelude of a symphony. In that place, we made an offering to the forces of nature. We asked our leave to the elements.

"That's it", I realized all of a sudden. We have to talk to this forest bunch, ask for their leave to pass. That's how it's done. That's the faith I need to have.

I have to believe that in the most intimate core of relations among all lifeforms, the principle that guides us is gentleness, respect and equality. I don't even want to think about the law of the jungle, much less about basic survival instincts. I want to elevate and elevate. To pray and to pass. If I talk, if I ask them for their leave, they will respect me. They will let me go forward into the woods.

"The snakes won't attack." That's what the locals tell me. I still don't know whether they say that to calm me down or if it actually makes sense for the snakes not to want anything with me, as they don't seem to want with Pedro, who's been here for more than fifty years and is still alive.

I make a series of logical considerations, using all the arsenal Aristotle has bestowed upon us, and in my mind I think that's funny, without explaining my laughter to those around me, this idea of having the Greek philosopher here by my side, helping me face snakes in the middle of the hot and muggy Brazilian forest, on the Atlantic Coast, in the first region visited here by Europeans so long ago.

After all, I am the daughter, granddaughter, great-granddaughter, great-great-granddaughter and several other "greats" of Portuguese, Dutch and Native Brazilian ancestors. And I should use what I came to know.

However, all those ancestors aren't helping in keeping my adrenaline under control.

I think all the time about going back to some known, dominated, civilized and tamed area: the region of the stone house, near the cacao shed, by the house where Mr. Zé lives, and where I think maybe there aren't any snakes. Or where at least they won't feel so comfortable.

The ceremony of offerings to nature goes on for a long time, considering my alert state. But I hold my ground, even though I ask Diego, our ceremonialist, to hurry up. It's getting dark, it's going to be more difficult to get back home, to the front of the patio with the shed.

The ceremony: many picked flowers, deposited in that spot from where the water starts flowing down and forming a deep river along the trail. Here, a little water springing miraculously from the stones. Water from the ground, from the same creation of everything. The same mystery. This wellspring.

A few days later, my friend Lucinha, in Salvador, dreams of seeing me in a place, in the middle of the forest, near a river spring, talking to a lady who gives me presents, and me to her. I say to Lucinha that her dream makes sense.

A few years after that, my friend Alex, in São Paulo, gives me the story of Our Lady of the Nativity of Minas Gerais as a present. I notice the coincidence of names between the farm and the saint. I remember that beginning of a river and how many emotions I have felt because of the forest, the water, the stones, the cacao, the snakes, going to the woods and then coming back to the farmhouse.

Living with nature forces you to do that: to think about survival, about priorities, about the hierarchy of importance in the state of living. Towns give us the false, hypocritical illusion that it's all under control. Big mistake, I know. But I forget it when I'm at home, in my apartment, a few meters off the ground. Here at the farm it's the ground, the earth, the woods, the beasts. It's another matter. In town, it's man who scares us. A much more dangerous beast, no doubt about that.

***

We arrive at the patio, and Diego is talking to Mr. Zé and to Mundão about the harvest, the quality of cacao, the planting, the application of biogeo. He checks the vats, smells that thick, bubbling liquid, filled with decaying matter. A witch's cauldron.

I observe those men talking around the cauldron and I notice how knowledgeable they are about that topic.

Diego studied and researched about it, and believes that such biodiverse soup is the best foodstuff for plants. The soil where we plant cacao has to be fertilized with that organic mix of rock dust from the *sertão*, sea water from the south of Bahia, water from the rivers that flow down from the Diamantina plateau – laden with diamond particles, we imagine – and the compost from all of the Atlantic Forest biologic diversity. This is the mixture that is going to keep our cacao healthy and store all of this DNA memory from our land. This is what Diego explains to the men who have been on the farm for many years.

From father to son, these men learned to plant and to look after the cacao. Diego, too, learned everything about cacao from his ancestors. These Badarós have been in the region for five generations, just like the families of Pedro, Mundão, Zé Carlos... Just like other families: Tavares, Oliveira, Lavigne, Kruschewsky, Carvalho, Almeida, Adami de Sá, D'El-Rey, Hohlenwerger, Bittencourt, Berbert de Castro, Maron, Muniz, Barreto, Villas Boas...

Diego, in the year 2002, wanted to talk to the people on the farms about the biogeo. "This organic compost is going to make our trees resistant to diseases, it's going to make the cacao richer in flavor." Diego and João Bernardo created a course in the region to teach about the organic mix. Many people went there to get their

certificates. And all of those people from Diego and João's farms started using the soup from the vats.

In the beginning, the people, accustomed for years to the traditional way of growing cacao with chemical fertilizers, was in seeing-is-believing mode. And with the first harvest after they used the soup, they saw and they believed. The healthy trees gave beautiful, colorful, succulent, plentiful fruits. It was a feast!

DEFORESTATION

When the Portuguese - us, incidentally - arrived here, the Atlantic Forest occupied an area of roughly 1,320,460 square kilometers. It spread from Rio Grande do Sul to Piauí, covering all the States on the Atlantic Coast.

Now considered a global hotspot - the planet's richest area in terms of biodiversity and the most threatened one -, the Atlantic Forest was declared by UNESCO as a Biosphere Reservation and a national treasure, as stated in the 1988 Brazilian Federal Constitution.

Medicinal herbs and food are found there: more than 25,000 species, 9,000 of them endemic. Known mammals represent more than 270 species. Almost 1,000 species of birds. More than 200 reptile, 380 amphibian, 350 fish species. Seven of Brazil's nine river basins are located in this forest, in addition to one of the world's largest aquifers: Guarani.

Besides the abundance of resources and species, several other benefits develop out of the forest, such as climate regulation, soil conservation, wellspring flow, among others. Its contribution is indispensable as much to the survival and quality of life of vegetable and animal species - and, of course, of the human population - as to the activities that depend on nature, such as agriculture itself. With all of its natural wealth, this forest helps in the generation of jobs and income with ecotourism, an activity that is growing in the country.

All of that abundance nurtured by the Atlantic Forest has been, sadly, cut down for many years already.

The deforestation of this huge and generous forest happened for several reasons during its use by humans, ever since before the Europeans arrived. From the roaming agriculture of *Terra Brasilis* natives, through coffee and sugarcane plantations, cattle grazing, railways building, human occupation, reaching tragical proportions with the military regime projects: the great dams flooding vast areas of that vegetation teeming with forms of life, with planet Earth's species... Among other causes that put more and more pressure every day on the forest and its surrounding areas.

The disconnection of what this cradle and origin of life means from short-term economic interests, with an eye on the balance of trade, on commodities' sales - especially the exploration of mineral ore - still threatens this Brazilian treasure, which should be considered our

strongest mainstay, our biggest asset, to use a financial-economic jargon well attuned to current arguments of surplus value.

Frederick Schilling, our partner in this endeavor of recuperating the forest through cacao growing, remembers the importance and urgency of raising environmental awareness in our society:

> I realize that most of the time society seems to be blind, numb to all that relates to the impact that a series of actions have on the planet, forgetting the fact that we are all co-dependent. Human beings are dependent on one another and co-dependent on the natural environment, and over the last 100 years, if not longer, we as a society have entitled ourselves to take and use natural resources, not recognizing their finitude. We need to adopt a sustainable, holistic and long-term perspective, approach and action in the way we interact with the environment and its resources. That includes our food, our computers, our clothes, our cars, everything. Everything we do, touch and consume has its origin in the natural world (...).

Today, the remnants of the Atlantic Forest are spread unevenly over the territory where that forest originally existed, representing only tiny blotches in urban areas and within some farms.[2] Only a small percentage (between 7 and 8.5%) of those remnants is well preserved and in areas above 250 acres.

ORGANS LIKE THE SOS MATA ATLÂNTICA FOUNDATION AND THE NATIONAL INSTITUTE FOR SPACE RESEARCH (INPE) DEVELOP SURVEYS TO EVALUATE THE AMOUNT OF DEFORESTATION HAPPENING IN THE COUNTRY. IN THE PERIOD OF 2013-2014, DEFORESTATION IN BRAZIL HAS SURPASSED AN IMPRESSIVE 44,500 ACRES — EQUIVALENT TO 18,000 SOCCER FIELDS![3]

EVEN THOUGH THE NUMBER OF TOTAL DEFORESTATION HAS DROPPED COMPARED TO PREVIOUS YEARS, THE FIGURES ARE STILL OMINOUS, CONSIDERING ALL THAT WE ARE LOSING WITH THIS DEVASTATION.

It is frightening to think that, over 500 years, we have deforested almost the whole Atlantic coast. We've felled thousands and thousands of trees, killed countless animals, contaminated water springs, destroyed rivers, burning the woods to the ground, flooding areas, or exploring natural resources without any conservation and renovation criteria. A complete mess.

On the other hand, when I remember that the Tijuca forest, in Rio de Janeiro, was once a huge area deforested by coffee plantations, and

---

[2] ALIANÇA PARA A CONSERVAÇÃO DA MATA ATLÂNTICA, "Remnants". Available at http://www.aliancamataatlantica.org.br/?p=11. Accessed on July 2015.

[3] SOS MATA ATLÂNTICA, "Most recent data". Available at https://www.sosma.org.br/projeto/atlas-da-mata-atlantica/dados-mais-recentes/. Accessed on July 2015.

that the whole area was later reforested, I get a lovely feeling that such a thing is possible to be done. The Tijuca forest was reforested in the Second Reign era, by order of Peter II, who, upon concluding that deforestation was causing a drinkable water shortage in the city of Rio de Janeiro, ordered the planting of 100,000 species native to the Atlantic Forest. That work was done over a period of 13 years. As a consequence, all of the animal species came back to that gorgeous urban forest: the fourth largest urban forest in the Brazilian territory and one of the world's largest.

Several other more recent initiatives and programs – coming from governments, companies, NGOs, etc. – have cropped up with the intention of protecting native forest areas and avoiding deforestation.

ONE OF THE MORE RECENT MEASURES, FOR INSTANCE, WAS THE ZERO-DEFORESTATION GOAL, ADOPTED BY SEVERAL BRAZILIAN STATES, ESPECIALLY THOSE LOCATED IN ATLANTIC FOREST AREAS, WHO COMMITTED TO EXPAND FOREST COVERAGE AND TO REACH A ZERO ILLEGAL BIOME DEFORESTATION GOAL BY 2018.[4]

In spite of the recent official dispositions and goals, projects of deforestation of this hotspot, prioritizing ore exploration and electric dams, have also been backed up by the established authorities. Besides, our official deforestation control system over the whole Brazilian territory is flawed and often conniving with illegal exploration and deforestation.

Therefore, most of this flora is still unprotected. The forests are, then, vulnerable to the actions of various elements and activities that in general raze wide natural areas – such as predatory exploration of timber and vegetable species, the expansion of the agricultural frontier, industralization, disorderly urban expansion, pollution...

The value of biodiversity is impossible to calculate, so we need to unite all efforts in order to conserve what we still have and minimize the environmental and social damage arising from the destruction of our forests.

***

As our interest in the Atlantic Forest grew and deepened, we felt more and more that we had a mission to preserve it. And more than that: we should reforest the razed areas.

It is possible to do what we set out to do: to conserve and reforest Atlantic Forest areas in the south of Bahia. What was needed: to arrive at a social-economical equation for the use of the forest. A productive forest, helping locals to earn their living. Of course, an agroforestry system such as cacao is perfect.

---

[4] SOS MATA ATLÂNTICA, "States commit to zero illegal deforestation goal for the Atlantic Forest". Available at https://www.sosma.org.br/103209/nova-historia-para-mata-atlantica/. Accessed on July 2015.

Planting cacao under the shade of the Atlantic Forest: there couldn't be a better solution to unite those two interests.[5]

Frederick Schilling conveys very well our concern with reforestation and the relationship between forest and cacao culture:

> I've always loved trees, to me they're the perfect way to explain what we see happening in the world today: it's much hotter when we're under the sun, and if you want relief from the heat, you simply go to the shade. The problem is that we're cutting down all the trees everywhere without replanting them, and then we wonder why Earth is becoming warmer. Earth is becoming warmer because we're eliminating the shade! It's that simple. (...) When I first got involved with cacao, I began to understand the role it can play in the conservation of forests, realizing the fact that it's such a dynamic food, and that it affects people in such a specific way... it's a multi-dimensional food everyone loves, and that love is capable of going all the way back into the earth. In a nutshell, I really wanted to use cacao as a tool for forest conservation, and grow it the traditional way, which in Brazil is called cabruca. Of course cacao growers need to produce and expand, but they should do so responsibly, using the cabruca model, so that we can conserve the forest – including primary vegetation.

According to Rui Barbosa da Rocha, agronomist and president of the Floresta Viva Institute, in the south of Bahia the cacao agroforest performs many environmental "duties", with benefits that aren't exclusive to cacao production: it stabilizes the region's climate, as well as rain levels and conditions of temperature, in addition to promoting soil and water protection and having a positive effect on pest and disease control.

François Jeantet, one of the founders of the Salon du Chocolat de Paris, who has been holding events in several cities around the world for twenty years, congregating chocolatiers from all nations, says:

> It's also because of the Atlantic Forest that cacao is so important, we repeat that every day in our lives. To journalists, we say that chocolate is a means of preserving the planet and being in communion with others. (...) The cacao tree is a symbol of the tropical forest's preservation, and the tropical forest is a symbol of the planet's preservation.

On top of that, cacao economy is already a relevant business for the country and has the potential to generate even more jobs and resources. Pedro Gomes, an employee at the Badaró farm for more than thirty years, had this to say in his statement:

---

[5] This agroforestry system of growing cacao, typical of the region, is called cabruca. In it, cacao is planted under the shade of native trees from the Atlantic Forest.

Here in the region, cacao's our cash cow. Cattle's a lotta work and little money, cacao is more profitable, even with the whole crisis, with everything we spend on it. (...) Many people cut it all down, burned the forest, gave up cacao to raise cattle. But cattle takes a long time to pay off, it's more expensive to maintain. Not so with cacao, you can take a bushel and sell it.

One of Rui Rocha's dreams, as a researcher, is seeing cacao rescued as a crop, as a culture, operating that rescue with the planting of native trees that can act as shade for cacao crops. In his statement, he points out other advantage of the production of this fruit, and the importance of cacao for the economy and the environment:

Cacao is a fruit with an endless richness. In addition to its nutritional and medicinal properties, there is also the esthetic question – it's a beautiful fruit, a fruit from the forest, from our humid, tropical Amazon and Mesoamerican forest. During the years in which I went deeper into my research work, with seasons spent at an institute in the Amazon Forest and a master's degree on the rural area in Rio de Janeiro, I was, at the same time, becoming attracted to the power of cacao. Along the way, I even did research for the World Bank, through the Getulio Vargas Foundation (FGV), about the agroforestry system. To me, it was a surprise to see how much that agricultural system was different, in comparison with other agricultures in the world. If you compare cacao with great cultures, such as sugarcane, coffee, oranges, its richness in terms of biodiversity, of appropriation of soil in the forest landscape, is something incredible. (...) In order to get there, to rescue cacao, including the areas that are unproductive, it is also necessary to reacquire the financial capacity. We're talking about an economy that generates many jobs, that generates resources, that has the potential to circulate half a billion dollars a year – possibly reaching one billion. And if we transform cacao into chocolate, that number increases twentyfold. We're talking about a business with a lot of relevance to the country. But we need to redesign cacao economy. It can't continue restricted to the bean – it has to be connected to chocolate economy, which has to come from the region, from inside out, valuing the rural families, and not the contrary, like it's been done until now. The south of Bahia is like a little country within a country, an imaginary country, which has everything good in place in order to work. And chocolate is the crown on that territory.

During the 2013-2014 period, Bahia was the State with the third largest Atlantic Forest biome deforestation.
Our dreams are the same as Rui's: to rescue the forest with cacao, expanding the awareness of the importance of forest preservation and helping, at the same time, to recuperate the social and economic scenario in the region. ∎

2. CACAU

A FORÇA DO CACAU NOS PAÍSES EM DESENVOLVIMENTO É FORMIDÁVEL. A IDEIA MÁGICA É QUE QUANDO VOCÊ COME CHOCOLATE EM PARIS, VOCÊ SENTE PRAZER, E ESSE SENTIMENTO AFETA O PRODUTOR DE CACAU NO HEMISFÉRIO SUL, AJUDA-O EM SEU DESENVOLVIMENTO. É A MAGIA DO CACAU.

(FRANÇOIS JEANTET)

HISTÓRIA DO FRUTO

O cacau é nativo da bacia Amazônica. Botânicos acreditam que o fruto é originário de áreas próximas ao rio Amazonas, tendo se expandido de lá em direção à América Central e se espalhado bacia abaixo.[1] Por ser um fruto tropical – o cacau nasce vinte graus acima e abaixo da linha do Equador – não adianta plantar um cacaueiro em Provence, na Quinta avenida, nos Alpes suíços...

Pela evolução das florestas, o cacau chegou ao México, onde foi transformado em bebida para privilegiados imperadores. Na civilização asteca, sua importância era tamanha que ele chegou a ser utilizado como moeda.

A PALAVRA CHOCOLATE VEM DA LÍNGUA NÁUATLE DOS ASTECAS E SE REFERE A UMA BEBIDA AMARGA FEITA DAS SEMENTES DO CACAU, O XOCOATL, QUE, SE ACREDITAVA, COMBATIA O CANSAÇO, ALÉM DE SER AFRODISÍACO. O XOCOATL ERA A BEBIDA SERVIDA NOS RITUAIS AO DEUS QUETZALCOATL, QUE QUER DIZER "SERPENTE EMPLUMADA". A SERPENTE SE TRANSFORMOU NO SÍMBOLO DO CACAU.

---

[1] CEPLAC, "Cacau: história e evolução". Disponível em http://www.ceplac.gov.br/radar/radar_cacau.htm. Acesso em julho de 2015.

Os europeus, por sua vez, entraram em contato com o fruto no século XVI, e a partir daí a presença e a importância do cacau só cresceram no mundo. Dessa época em diante, ele ganhou todos os paladares.

Hoje, alguns séculos depois, o cacau e seus derivados são consumidos de muitas formas e em quase todos os lugares. Por conta dessa popularidade, buscou-se, desde muito tempo atrás, expandir as plantações de cacau para regiões com condições de clima e solo semelhantes às das florestas, seu habitat natural – regiões com solos profundos e ricos, clima quente e úmido, temperatura média de cerca de 25°C e chuvas abundantes.

No Brasil, o cultivo do cacau começou oficialmente em 1679. O berço botânico da planta foi a região amazônica, mas a cultura do cacau se

desenvolveu no sul da Bahia, trazida à região por volta de 1746 pelo francês Louis Frederick Warneau.

Aqui, em nossas terras no sul da Bahia, o cacau é plantado à sombra da floresta e necessita dela para sua existência. O cacau e a mata fazem parte da mesma história.

MUITO ALÉM DO CHOCOLATE...
QUANDO MADURO, O FRUTO DO CACAUEIRO APRESENTA UMA CASCA GROSSA E AMARELA. PARA ABRIR, É PRECISO QUEBRÁ-LA COM ALGUMA FORÇA; E DENTRO AS SEMENTES ESTÃO ENVOLVIDAS POR UMA POLPA BRANCA DE SABOR ÁCIDO. A MASSA DE CACAU, DE SABOR INTENSO, É EXTRAÍDA DESSAS SEMENTES (TAMBÉM CHAMADAS DE AMÊNDOAS), QUE PASSAM POR UM PROCESSO DE FERMENTAÇÃO E DE SECAGEM E QUE, POSTERIORMENTE, POR MEIO DA TORREFAÇÃO, DA CONCHAGEM E DA TEMPERAGEM, SÃO TRANSFORMADAS NA BASE PARA A CONFECÇÃO DO CHOCOLATE.[2] ALÉM DE SER MATÉRIA-PRIMA PARA O CHOCOLATE, O FRUTO DO CACAUEIRO OFERECE OUTROS USOS. A POLPA, POR EXEMPLO, PODE SER USADA PARA FAZER SUCO, GELEIA, DESTILADOS FINOS, FERMENTADOS E XAROPES PARA CONFEITO, ALÉM DE NÉCTARES, SORVETES E OUTROS DOCES. A CASCA TAMBÉM PODE TER UM APROVEITAMENTO ECONÔMICO: ALGUMAS PESQUISAS JÁ MOSTRAM QUE ELA PODE SERVIR DE ALIMENTAÇÃO PARA BOVINOS, SUÍNOS, AVES E ATÉ PEIXES; ALÉM DE SER UTILIZADA NA PRODUÇÃO DE BIOGÁS E DE FERTILIZANTE ORGÂNICO.[3]

NO CORAÇÃO DA FLORESTA, NA ALMA DOS HOMENS, TODO DIA A NATUREZA

Quando começamos nossa empreitada de retomar as plantações de cacau nessa região da Bahia, decidimos fazer um plantio orgânico de excelente qualidade. Aqui teríamos o caldo perfeito que a terra nos proporciona para produzir um cacau rico, de uma complexidade de sabores única, por conta da maior diversidade genética de cacau que existe na Terra e que está aqui, nas florestas brasileiras.

As roças de cacau no sul da Bahia ficam em belíssimas áreas de mata fechada e, por isso mesmo, o acesso é difícil e o plantio requer um conhecimento além do cacau. Requer o conhecimento das artimanhas das matas, da fauna e da flora. Um conhecimento oral e prático que o trabalhador que atua nas florestas tem.

No sul da Bahia, muita gente está acostumada e sabe bem como lidar com esse complexo universo de milhares de formas e vidas. Esse povo sabe por onde anda, sabe onde plantar, em que tempo. A sabedoria dos que lidam com a mata não é acadêmica: é a sabedoria da vivência, dos anos adentro, lidando todos os dias com a chuva, as temperaturas, as diferenças

---

[2] FIESP, "Curiosidades do cacau". Disponível em http://www.fiesp.com.br/sicab/noticias/cacau. Acesso em julho de 2015.

[3] CEPLAC, "Cacau: história e evolução". Disponível em http://www.ceplac.gov.br/radar/radar_cacau.htm. Acesso em julho de 2015.

de estações. São trabalhadores que olham o céu, sentem o vento, o balanço das copas das árvores, ouvem os sons dos animais e das correntes de ar penetrando as densas camadas de verde, e anunciam: aí vem temporal, aí vem calmaria. Ou dizem: esse ano, que beleza, que abundância! Choveu na estação certa.

É assim que funciona. São apenas indícios, não tem previsão precisa: o que tem é todo dia a Natureza.

***

Plantar não é simples. Para quem faz isso há anos, não é nada simples também. Requer tantas combinações que mesmo todo o tempo de alguém no campo não é suficiente para esgotar as possibilidades. Na maneira de conversar do pessoal da roça, já se percebe que nada é totalmente certo ou previsível. É algo do tipo: "A safra vai ser boa, Pedro?". Resposta: "É... pode ser. Choveu bem, a terra ficou tratada. Mas Deus é quem sabe". O que quer dizer: tem tudo para ser uma bela safra, mas pode acontecer qualquer coisa até lá. Muita coisa nova entra na equação, por conta e além de Deus. A ação do homem desmatando, desprotegendo os mananciais, é uma delas.

Os homens que vêm, há tempos, de pai para filho, plantando cacau, sabem ler os sinais que se combinam avisando no que vai dar aquele ano. Dependendo de como vai ser o plantio, sabem também de que jeito resultará a colheita; se as árvores vão dar muitos ou poucos frutos, bons, mais ou menos ou nada. Se a floração ocorreu da maneira certa, no tempo certo, é indício de que os frutos serão de um jeito ou de outro. Se os homens não roçaram direito em torno de cada pé de cacau, se roçaram demais, se feriram a fruta com seus facões, se deixaram tempo demais nas bandeiras, ou de menos... Todos esses "ses" são decisivos para determinar o tipo de amêndoa que ao final será usado nas massas de chocolate.

O CULTIVO DO CACAU

Diego levanta cedo. Às 4 horas da manhã se encontra com Pedro e vai para a roça de cacau. Checa a plantação, analisa a terra, vê se precisa de mais composto de rocha do sertão, checa se o pH está certo. Confere a colheita, a fermentação, a temperatura dos cochos, que chega a 50°C. Senta com o pessoal, corrige detalhes, aprova os rumos. Em cada fazenda, há de 150 a 300 hectares de plantação de cacau. Diego quer ver tudo. Volta só no fim do dia... Trabalhar no campo requer uma vontade de gente grande.

Depois de o cacau ter sido colhido, pé por pé, são feitas as bandeiras, que se dão da seguinte maneira: um dos homens retira o cacau do pé. Um outro vem atrás, colhendo o cacau retirado e jogando em cestos – caçoás de cipó presos às costas, como mochilas –, que são trazidos para áreas ainda dentro da plantação onde, cinco a sete dias depois – tempo suficiente para que os açúcares se concentrem e a umidade seja reduzida –, todos se reúnem em torno desse amontoado de frutos para a quebra das cabaças, como são chamadas as cascas grossas que protegem as amêndoas do cacau. Vários pontos de concentração desses frutos se formam ao longo da plantação. Essas são as bandeiras.

As amêndoas, envolvidas pela polpa branca do fruto, todas grudadas ao talo ou cibira, como é conhecido e chamado pelo povo da terra, são depositadas em caixas de madeira cujo conteúdo, depois que as caixas estão cheias, é jogado pelos homens nos caçoás de cipó que abraçam o lombo dos burros.

Os burros são os animais adequados para esse tipo de colheita. Eles são como cavalos pequenos que se adaptam muito bem ao plantio à sombra das grandes árvores da floresta. Não há como mecanizar a colheita e a plantação. Ao contrário das monoculturas feitas a pleno sol, é preciso criar métodos adaptados às questões da densidade que a floresta preservada apresenta.

Entram pela floresta, então, tropas de homens com seus facões, burros com cestos em seus lombos, para, no final da tarde, voltarem carregados de amêndoas de cacau envoltas em polpa, deixando nas bandeiras as cabaças que se tornam, com o tempo, compostagem, alimentando a terra.

O cacau trazido é despejado em caixas de madeira para o tempo de fermentação. Ali, com os dias correndo, enquanto todos os processos inerentes à fermentação vão cumprindo suas etapas - anaeróbica, aeróbica, desenvolvimento de leveduras, quebra de proteínas, quebra de açúcares -, a polpa do cacau vai escoando pelas frestas do cocho de madeira, até que chega a etapa da secagem das amêndoas.

Dos cochos, as amêndoas seguem para as barcaças, onde serão feitos esses rituais da secagem. Trata-se de fato de um ritual. Sobre os galpões que funcionam como armazéns, são construídos telhados volantes que servem como "tampas" de uma panela de grandes proporções. É assim: no formato de um grande triângulo, como são os desenhos mais simples de arquitetura, os tetos se deslocam sobre trilhos, no sentido do comprimento da área total do galpão, cobrindo e descobrindo aquela laje completamente forrada de amêndoas de cacau. Os trabalhadores sobem na laje de duas a três vezes ao dia e remexem o monte de amêndoas para que elas sequem por igual.

As barcaças são abertas ao sol bem cedo pela manhã. Perto do meio-dia, são fechadas para que as amêndoas sejam poupadas do sol a pino. Por volta das 14 ou 15 horas, a cobertura é empurrada de novo pelos trilhos, para expor mais uma vez as amêndoas ao sol mais ameno.

O certo é que estamos na Mata Atlântica. Na *rainforest*. Isso significa que a lógica das aberturas e dos fechamentos das barcaças, no dia a dia, obedece de fato ao padrão das chuvas. Se chove muito naqueles dias, a barcaça é aberta a qualquer hora que o sol apareça. E se ele aparecer ao meio-dia, que seja.

Há uma lógica na floresta, e ela é aprendida na vida, na experiência das pessoas que estão ali, lidando com os elementos. Hoje, por conta do

declínio de produção na década de 1990 e da consequente perturbação na ordem socioeconômica da região, muitos dos homens que conhecem a floresta estão ficando velhos e sem herdeiros de sua sabedoria. Essa sabedoria tem que ser preservada, mas os filhos dos homens sábios do cacau estão indo embora das plantações. A esse respeito, Pedro Gomes conta, de sua própria experiência:

> Hoje ninguém quer morar em fazenda. E eu gosto, eu gosto da roça. Trabalho com essa família há quase quarenta anos. Conheci Diego novinho assim. Eu no começo trabalhava com cacau, com gado, com pimenta-do-reino, piaçava, mas meu negócio é cacau, é do que eu gosto mais. Graças a Deus me dei bem, e fiquei. Mas estou saindo, não é por não gostar dele, não, é que estou cansado. Quando cheguei aqui tínhamos 1.144 pés. Hoje, temos mais de 70 mil. (...) Meus filhos não quiseram; tem uma filha que mora aqui comigo, trabalha, mas não tem cabeça para cuidar, tomar conta. Tenho outro filho que é botânico, foi trabalhar em Londres e hoje é professor na faculdade. E tem esse menino, meu genro, que eu vou ensinando, e ele vai aprendendo. Mas a maioria hoje tem sua casa fora, na cidade, com sua TV e seu som, suas coisas, trabalha de dia, de tarde vai embora. Eu estou sempre aqui.

Diego também fala constantemente disso. Da geração dele, na família, apenas ele voltou a cuidar das fazendas.

AS FAMÍLIAS PRODUTORAS

O sul da Bahia, durante todo o século XIX, atraiu gente de todos os lugares para o plantio do cacau. No final do século, o cultivo do fruto ganhou expressão. A quantidade de cacau exportada pelo sul da Bahia elevou-se de 15 toneladas em 1852 para 30 mil toneladas em 1889, e para 50 mil toneladas na década de 1920. Na década de 1980, a Bahia exportava 400 mil toneladas de cacau. Essa nova força econômica do início do século XX atingiu períodos de ouro da economia do cacau. Por conta disso, cacau virou sinônimo de moeda.

No município de Ilhéus, até hoje moram algumas pessoas que viveram nos tempos áureos do cacau. Uma delas é Popoff, cujo nome de batismo é Raimundo Kruschewsky – de origem polonesa, sua família veio para o Brasil, direto para a Bahia, em 1870. Sobre aquela época, Popoff conta:

> Houve grandes fortunas. Desde 1900. Nasci em 1925, numa fazenda no rio do Braço, em que já não havia mais casa de taipa, barraco. Todas eram casas de material. O fazendeiro morava mal na sua casa grande, com um banheiro só, uma cozinha a lenha, mas casas boas. E casas normais, de material pros trabalhadores. A reforma agrária no país foi feita na região cacaueira. Como era com meu avô: todo mundo era compadre, comadre. (...) Meu avô começa nas terras do rio do Braço, com uma mulher, trabalhador, plantando,

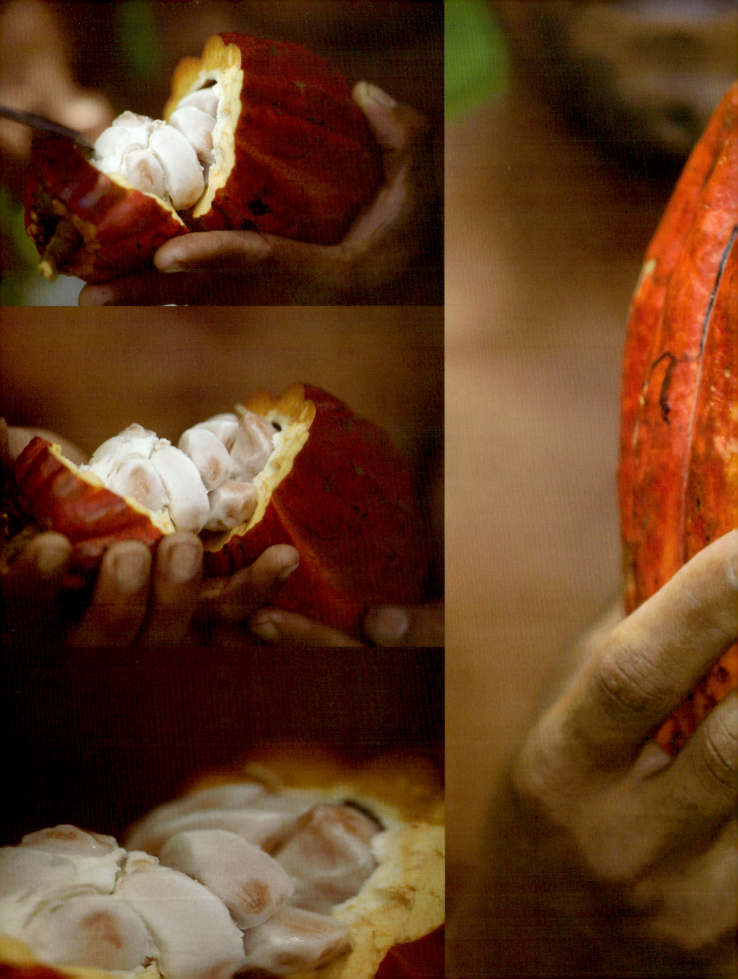

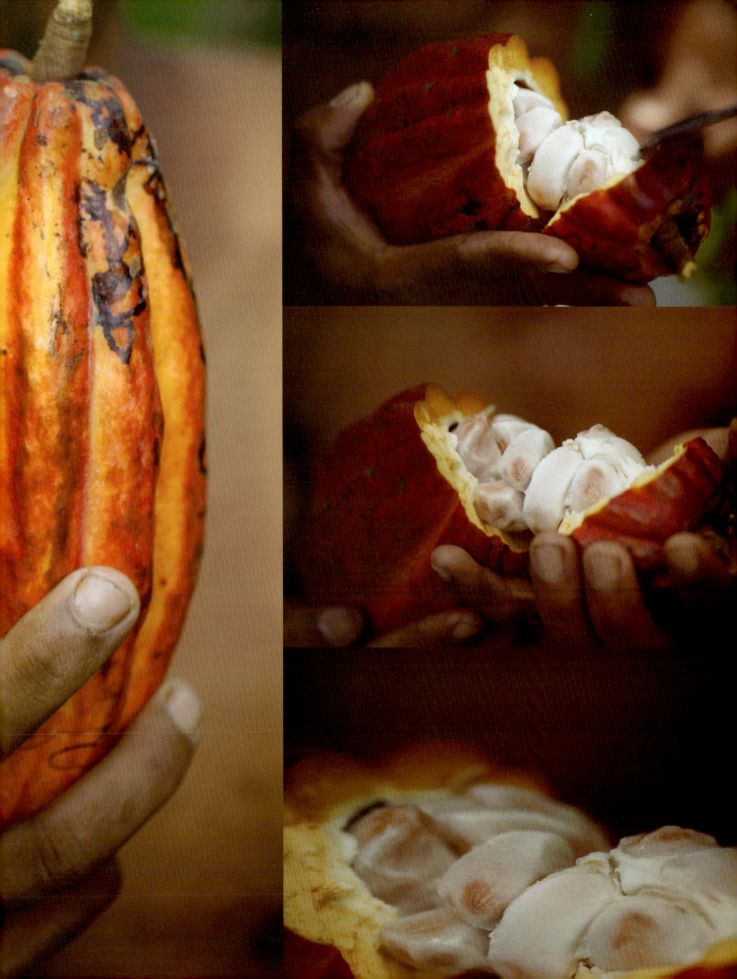

batalhando, bota um armazém, começa a vender roupa, alimento, feijão, essas coisas, e vai ficando rico. (...) O cacau sustentou, foi quem fez Salvador, foi quem fez o porto de Ilhéus. Foi uma maravilha o que o cacauicultor fez. Itabuna, Ilhéus, Itajuípe, foi o cacauicultor que fez. Foi o trabalho.

Muito se falou do poderio econômico dos fazendeiros que se estabeleceram na região desde o início dos anos 1800. Livros foram escritos sobre a região e sobre as famílias chefiadas por esses senhores, que receberam da crônica do dia a dia este título de comando: coronéis do cacau.

Fazia sentido o título, já que os chefes dessas famílias, desses clãs, formavam seus próprios exércitos. Naquela época, o sul da Bahia não contava com os recursos de proteção do governo federal, e a produção de cacau, para o poder central da nação, já cumpria sua parte pagando impostos cada vez mais altos.

Jorge Amado, o escritor das histórias do cacau e do sul da Bahia, terra onde nasceu e morou, contou para o mundo as sagas das famílias da região. A família Badaró é protagonista do romance *Terras do sem-fim*, uma longa história de "romance, aventura violência, crime, sedução e paixão", segundo as palavras do *New York Times* na versão americana do livro.

As terras do sul da Bahia, desde o início do plantio do cacau, passaram a ser disputadas em confrontos violentos. Emboscadas, mortes, tudo ocorria para a defesa das propriedades e para o avanço e a conquista de território. Um faroeste baiano, no qual a lei não valia para as famílias poderosas. Ou melhor, essas famílias faziam as leis. Escreve Jorge Amado em *Terras do sem-fim*:[4]

De noite Horácio chegou com seus cabras na roça dos três amigos. Cercou o rancho, dizem que ele mesmo liquidou os homens. E que depois, com sua faca de descascar frutas, cortou a língua de Orlando, suas orelhas, seu nariz, arrancou-lhe as calças e o capou.

---
[4] AMADO, Jorge. *Terras do sem-fim*. São Paulo: Companhia das letras, 2008.

A FAMÍLIA BADARÓ

No final do século XIX, os três irmãos Badaró, vindos da região da Sicília, na Itália, desembarcam em Recife. Seguiram caminhos diferentes: Líbero partiu para São Paulo, Diego para Minas Gerais e Antônio para o sul da Bahia, onde se casou com Ambrozina e teve treze filhos. (Dentre eles, dois se tornaram personagens de Jorge Amado: Sinhô e Juca Badaró.)

Antônio se tornou Conselheiro Municipal de Ilhéus, e na região de Sequeiro do Espinho, com a ajuda de seus filhos, desenvolveu a cultura do cacau em várias fazendas.

Os Badaró, no início do século XX, formavam uma família poderosa e mantinham boas relações com os outros grandes fazendeiros, em particular com Basílio Oliveira, que a essa altura tinha casado sua filha Anita (que na verdade se chamava Honorina) com Domingos Badaró (filho de Antônio). Um episódio, porém, acabou com a paz entre as duas famílias: Sinhô Badaró sofreu uma emboscada a mando da família Oliveira. A intenção era matá-lo, mas isso não aconteceu, e Juca Badaró, seu irmão, logo revidou a armadilha, começando uma guerra entre as famílias.

A origem do conflito, evidentemente, estava na posse de terras. Nessa época, a disputa por terras férteis para o plantio de cacau era grande, e os proprietários não tinham a mínima cerimônia em recorrer a meios ilegítimos, como a queima de documentos e escrituras em cartório, contratos leoninos e, em última instância, assassinatos. Foi o que aconteceu no confronto entre os Badaró e os Oliveira em relação às terras da região de Sequeiro do Espinho.

Apesar do laço familiar por conta do casamento entre Anita e Domingos, a violência reinou durante anos, a ponto de transformar a região. Com a anarquia instaurada, muitas famílias alheias ao conflito se mudaram dali. Os Badaró e os Oliveira formaram seus exércitos de jagunços e derramaram muito sangue – o Rio Almada, como contam as pessoas e como consta nos livros de Jorge Amado, ficou tingido de vermelho.

O governador da Bahia, do partido político dos Badaró, a certa altura enviou tropas oficias para resolver o conflito, e em março de 1919 a ordem foi reestabelecida na região.

Os herdeiros da união entre Anita e Domingos são como uma linhagem de Romeu e Julieta: depois de tanto sangue derramado, os mesmos sangues Oliveira e Badaró correm em suas veias. Do ramo dos conciliadores, dessa união, nasceu Humberto, avô de Diego, que se casou com Núbia e teve cinco filhos. Dentre eles, Kátia Badaró.

Humberto foi um grande fazendeiro e produtor de cacau. Morava com a mulher na fazenda Vale do Ouro, em Sequeiro do Espinho, onde Núbia, grávida do primeiro filho, foi mordida por um escorpião e teve de ser carregada por homens até a cidade mais próxima para ser socorrida. Enfrentou a mata fechada, resistiu com toda força e ânimo, mas acabou perdendo o bebê.

Logo depois, Núbia ficaria grávida novamente do filho que recebeu o nome de seu avô: Domingos Fernandes Badaró.

Humberto morreu cedo, aos 50 anos, de um enfarte fulminante proveniente da doença de Chagas, e deixou 28 fazendas para a viúva Núbia e seus filhos. Núbia então tomou as rédeas dessas fazendas. Na época, todos os seus filhos eram muito jovens e ainda estudavam. Com o passar do tempo, Domingos, o mais velho, formou-se em agronomia e assumiu a administração das propriedades ao lado da mãe. Kátia foi para Salvador fazer faculdade de psicologia. Tempos depois, passou a ajudar o filho Diego na fábrica de chocolates AMMA, na sua retomada do plantio de cacau nas fazendas e na produção de chocolate a partir dos próprios frutos.

"QUANDO O CACHORRO UIVOU NO TERREIRO, DON'ANA BADARÓ SE ESTREMECEU NA REDE. NÃO ERA MEDO, NAS CIDADES, NOS POVOADOS E NAS FAZENDAS A GENTE DIZIA QUE OS BADARÓS NÃO SABIAM O QUE ERA MEDO."
(JORGE AMADO)

As mulheres da família Badaró sempre foram muito fortes. Maria José, filha de Sinhô Badaró, aos 9 anos de idade ajudou seu pai a defender a fazenda onde moravam, que estava sofrendo um ataque violento por parte dos Oliveira: um exército de quase trezentos jagunços invadia as terras de Sinhô. Maria carregava as armas enquanto seu pai atirava em defesa de sua casa e de sua família.

Sinhô, exaurido por conta dos combates sangrentos, vendeu suas terras e morreu logo depois, muito jovem, aos 38 anos de idade. Seu irmão Juca continuou a luta contra os Oliveira, entre mais emboscadas, muitas mortes, até a intervenção do governo da Bahia.

Kátia, mãe de Diego, é uma legítima Badaró: carrega de munição as armas – hoje espirituais – para defender sua família e os amigos de qualquer ataque. De personalidade forte, mãe pequena do Gantois – um dos terreiros de candomblé mais importantes e conhecidos no Brasil por conta de uma de suas sacerdotisas, a querida Mãe Menininha do Gantois –, Kátia é uma guerreira como foi sua avó Anita, como foi a prima de seu pai, Maria José, e como foi sua mãe Núbia, que tomou conta dela e de seus irmãos, assim como administrou as fazendas deixadas por seu marido, usando um revólver e um facão na cintura e enfrentando as estradas, comandando trabalhadores em fazendas de florestas densas, de difícil acesso, como aliás têm sido até hoje as plantações de cacau na região.

Sua irmã, Gilka, tia de Diego, continua a saga política da família: algumas vezes prefeita da cidade de Itajuípe, recentemente (em 2012) voltou ao cargo numa vitória expressiva. Seu pai, Humberto, foi também prefeito de Itajuípe, quandoe essa cidade ainda se chamava Pirangi.

Além das grandes famílias, havia também muitos produtores médios nessa região da Bahia, como afirma Julia Herminia Sá Souto, amiga da família Badaró. Em seu depoimento ela conta sobre ter crescido em meio a essa valorização da cultura do cacau:

> Faz mais de cem anos que a minha família mexe com cacau. Meu pai, Liberalino Barbosa Souto, veio da zona de cacau de Jequié e se instalou em Arataca, próxima de Ilhéus, ainda na década de 1930, uma região bem típica de cacau. Ele e minha mãe, Lousinha Sá Souto, que era bem mais nova do que ele, desbravaram juntos, "botaram roça", como se diz, indo cada vez mais para dentro da mata, numa região de muita floresta, de muita água – não por acaso é conhecida até hoje por "Região dos Olhos d'Água". O meu pai tinha uma fazenda média e outra grande, o que não queria dizer muita coisa. Éramos produtores médios, de classe média para classe média baixa. Não havia grande conforto (...). A vida era boa, não tenho do que me queixar, mas, repito, não havia luxo. Todo mundo tinha que trabalhar, estudar. Eu cresci ligada ao cacau, às fazendas de meus pais. Mesmo quando fui estudar psicologia em Salvador, sempre dava um jeito de ir para Olhos d'Água nas minhas férias. Meu pai sabia que era importante que eu não me desligasse da terra. Ele me mandava cartas para Salvador, falando sobre o cacau, sobre as plantações. Quando chegava nas fazendas eu ia "correr roça" com ele, montava nos animais. Eu acompanhei todo o crescimento das fazendas, da produção. Plantamos, ao longo de dez anos, quase 100 mil pés (...). Também testemunhei a construção de dez casas com água encanada e luz. Fizemos um primor de escola, um posto de saúde. Meu pai tinha essa consciência, de crescer como produtor mas nunca deixar o benefício social de lado.

Em 1990, o cenário mudou drasticamente para as famílias produtoras: a praga da vassoura-de-bruxa chegou à região, aniquilando as plantações e derrubando a economia e as famílias do cacau.

A VASSOURA-DE-BRUXA

Em 2002, ano em que tudo começou para nós e quando voltamos às fazendas de cacau, sabíamos que o negócio no sul da Bahia estava bem abaixo do ideal. O cacau produzido no Brasil ainda sofria as consequências da trágica década de 1990, quando a introdução de um fungo conhecido pelo nome de vassoura-de-bruxa, endêmico da Amazônia, devastou as plantações de cacau e provocou, em menos de seis anos, a derrocada socioeconômica da região. Os fazendeiros – todos – foram à lona. Famílias de trabalhadores ficaram abandonadas, sem nenhum recurso, com a perda das safras à medida que a doença se alastrava.

Essa derrocada se deu em tamanha proporção porque o fungo foi depositado em fazendas localizadas em posições estratégicas, de onde a direção dos ventos facilitaria a disseminação da praga. Esse fato é um dos tantos que confirmam a implantação intencional do fungo na região.

Para agravar as perdas de plantações inteiras, uma série de medidas adotadas por pesquisadores locais resultou na expansão da doença. E este é um capítulo que merece um livro inteiro.[5] As técnicas de combate ao fungo divulgadas pela Comissão Executiva do Plano da Lavoura Cacaueira (Ceplac) se revelaram equivocadas e, ao invés de combater o fungo, ajudaram a propagá-lo. Junte-se a isso o fato de que os financiamentos de bancos públicos disponíveis atrelavam os empréstimos aos cacauicultores, que tentavam salvar suas lavouras, à utilização das tais técnicas.

Raimundo Kruschewsky, o Popoff, fala sobre esse período:

> Não houve roubo, não houve corrupção, eles foram corretos com as finanças. Fracassaram foi na técnica, no conhecimento agrícola. Fracasso horrível. (...) Tanto que a doença não nasceu em uma trajetória natural, ela veio como um pano de circo se fechando. Aí a região se acabou. Os produtores que resolveram levar a cacauicultura adiante, mesmo depois da crise, passaram a conviver drasticamente com a vassoura, com colheitas muito reduzidas. É uma esperança, mas é como um câncer. O doente vai se tratar, pode durar, mas morre disso um dia. O produtor ficou endividado, muitos morreram; houve suicídios, houve mortes de coração, pessoas que eram ricas e perderam tudo.

A tragédia biológica que resultou na derrocada de uma economia forte e poderosa como era a do cacau no sul da Bahia – maior região produtora de cacau do mundo – foi fulminante para todas as pessoas que viviam desse negócio, desse plantio. Pais de família se suicidaram, deixando viúvas com filhos tentando sobreviver, sem perspectiva de ganhos. De uma hora para a outra, o caos completo, o desarranjo definitivo de todas as certezas, planos, projetos.

---
[5] Vale a pena assistir ao documentário *O nó*, produzido por Dilson Araújo sobre a introdução no sul da Bahia do fungo vassoura-de-bruxa.

Como afirmou Alfred Conesa, agrônomo francês e ex-diretor do Cirad,[6] autor do livro *Du cacao et des hommes*,[7] "a catástrofe da vassoura-de-bruxa é um caso de enciclopédia: ela mostra como uma doença fitossanitária severa pode transtornar uma sociedade rural".

Julia Herminia Sá Souto também descreve essa época em seu depoimento:

> As fazendas eram bem produtivas, os empregados estavam satisfeitos, a gente também, tudo caminhando muito bem, até que veio a vassoura-de--bruxa para acabar com tudo.
> As primeiras notícias de que uma praga havia se espalhado na região de Uruçuca, de Camacã, não deixaram a gente tão preocupada como deveria. Ouvimos falar que os produtores de lá estavam colocando fogo nas fazendas para deter uma praga, mas não achávamos que aquilo tudo iria nos atingir. A gente não tinha noção da dimensão do problema e de quão rapidamente a praga se espalharia sem que a gente conseguisse fazer nada. Só fui ter certeza da gravidade de tudo quando fui até Camacã e encontrei um cenário de horror: tudo seco, queimado, como se um furacão de fogo tivesse passado pela região. Mesmo assim, achei que a minha região, por estar lá no alto, mata adentro, estava salva. Mas um dia, pela manhã, o gerente da minha fazenda me chamou e disse: "Dona Julia, a vassoura chegou aqui".
> Foi difícil para mim, e para os produtores da nossa região, encarar o problema de frente. Os galhos das árvores ficaram inchados, a praga foi chegando muito rapidamente. Teve gente que custou a acreditar, que apelou até para simpatia, que tentou de todas as maneiras acabar com a vassoura. Havia se passado mais ou menos um ano do primeiro foco da doença, e quase toda a produção de cacau do sul da Bahia já estava comprometida. Todo mundo encarou tudo aquilo de um jeito inocente, sem grandes informações sobre a praga – nas nossas fazendas, passamos dias e dias queimando as madeiras podres, na esperança de pelo menos diminuir o prejuízo. Mas só depois fui estudar a história da vassoura-de-bruxa com mais calma e perceber que estávamos diante do fim de um ciclo. O ciclo do cacau. (...)
> Eu me lembro que a história da vassoura atingiu minha mãe (o meu pai já havia falecido) e os produtores mais antigos de uma forma ainda mais dura. Ela era a pioneira, trabalhara muito na roça junto com meu pai, tinha desbravado a mata, plantado cacau, modernizado as fazendas, construído a escola para os trabalhadores. E do dia para a noite, por causa de um crime ambiental, uma praga varrera toda a sua história.

Falar sobre essa década traz uma sensação de idade das trevas, de

---
[6] Sigla de Centre de Coopération Internationale en Recherche Agronomique pour le Développement, órgão francês de pesquisa agronômica e de cooperação internacional para o desenvolvimento durável das regiões tropicais.
[7] CONESA, Alfred. *Du cacao et des hommes: voyage dans le monde du chocolat*. Montpellier: Nouvelles Editions Presses du Languedoc, 2012.

terra arrasada, de cólera e devastação, de pragas do Egito, peste, castigo. Como lembra Rui Rocha,

> A crise do cacau, provocada pela vassoura-de-bruxa, gerou uma desorganização social, ambiental, econômica, cultural sem precedentes na história baiana. É uma fase ainda pouco estudada, mas já com reflexos claros na sociedade. (...) A crise afetou os manguezais, aguçou a violência, a desagregação das famílias, as cidades perderam o ambiente de qualidade urbana que tinham. Foi terrível.

No que diz respeito à produção, o ano de 1999 foi o mais crítico. A menor produção de cacau foi atingida. João Tavares, parceiro e amigo de Diego, conta que uma de suas fazendas chegou a produzir 26 mil arrobas, mas no auge da crise produzia apenas de 2 a 4 mil arrobas:

> A produção caiu muito, e eu entendi que não tinha mais viabilidade, porque o fungo estava presente, não se conseguia debelar totalmente, mas sim conviver com ele. Começaram em 1989 os primeiros sinais, mas só em 2000 chegamos ao pior momento, com a produção lá embaixo. Começamos a fazer o plano de recuperação e percebemos que tínhamos entrado numa roubada. Nos faltava conhecimento, e a gente aceitava os conselhos até por desespero, por querer que alguma daquelas soluções funcionasse.

Em seis anos, a economia do cacau no sul da Bahia, que até o final dos anos 1980 colocara o Brasil na posição de primeiro produtor de cacau do mundo, ficou abalada de tal maneira que sua recuperação, hoje, ainda não foi completa – a produção representa metade daquela dos anos antes do fungo fatal.

Sobre suas fazendas, Julia Herminia Sá Souto também comenta:

> Já produzimos nessas duas fazendas 12 mil arrobas de cacau em 1987. No auge da crise da vassoura, esse número chegou a baixar para 300 arrobas. Hoje em dia (desde 2005), com grande esforço, conseguimos aumentar a produção para 1.500 a 2.000, no máximo 2.500 arrobas. Eu considero até um verdadeiro milagre,

pois trabalhamos em condições tão adversas.

As implicações para o meio ambiente também foram muitas. Diversos cacauicultores desistiram do cultivo, derrubando árvores (madeira muitas vezes vendida ilegalmente) ou queimando as florestas para abrir pastagens para gado e para outras lavouras.

Desde o começo da introdução do fungo houve a preocupação de se reverter essa tragédia agrícola. Pesquisadores do Cirad foram enviados ao sul da Bahia, e aqui se uniram à Ceplac para tentar encontrar saídas de combate à doença. Outros recursos foram implementados, dessa vez na direção certa, para fazer o cacau começar a se recuperar. A doença foi profundamente analisada, e soluções tais como clonagem e enxertos, cujo objetivo era proporcionar mais resistência ao cacaueiro, de fato deram bons resultados.

Não só a produção dos frutos havia sido abalada. A qualidade também. Frederick Schilling lembra que na época em que a vassoura-de-bruxa chegou e dizimou as plantações, fazendo muitos produtores abandonarem suas fazendas, a maior parte do que o país conseguia produzir era de uma qualidade realmente inferior. A reputação simplesmente desmoronou. O Brasil passou a ser conhecido como "aquele país que produz cacau contaminado", mesmo com as exceções de produtores que faziam grandes esforços para preservar o que possuíam e lutar contra a praga. Esses cacauicultores introduziram novas variedades, incorporaram melhores técnicas de manejo, mas, ainda assim, muitas vezes não conseguiam um retorno que pagasse os altos investimentos.

Alfred Conesa acredita que a pesquisa por uma solução privilegiou a busca por híbridos supostamente resistentes, mas essa alternativa apresentou falhas graves entre os agricultores, que dominaram mal o "pacote tecnológico" desenvolvido pelos pesquisadores. Além disso, segundo ele, esse cacau híbrido não é da melhor qualidade. "Eu penso que o caminho passa pelo resgate de variedades antigas e técnicas de manejo orgânico, sob a sombra. Nós teremos menos cacau

produzido, mas será de boa qualidade", afirma Conesa.

Sobre a experiência com a vassoura-de-bruxa e sobre esse retorno ao cultivo do cacau depois da crise, Diego conta:

> A primeira vez que eu percebi que alguma coisa estava errada em nossas vidas, eu tinha 9 anos. Foi quando ouvi e vi minha avó chorando e falando à minha mãe que alguns de seus amigos estavam derrubando árvores de lei para pagar as contas. Abracei minha avó e pedi que ela não cortasse as minhas árvores. Eu tinha certeza de que toda a mata era minha; era onde eu brincava com os meus primos e filhos dos funcionários que moravam em casas perto da nossa. Minha avó me ouviu e proibiu que tocassem nas árvores.
> Com o tempo passando, todas as fazendas da região foram afetadas pela doença. Os fazendeiros contraíram dívidas para salvar suas plantações, seguindo orientações técnicas do Ceplac, que com o tempo se confirmaram equivocadas. E assim os produtores se afundaram ainda mais nas dívidas e na morte de seus cultivos.
> Quando resolvi, em 2002, que deveria voltar às fazendas, minha família me olhou com um misto de apoio e reticência. Eu voltava armado com os ensinamentos da minha mãe: "Está na mata a força de toda a existência". Guiado por ela, aprendi a respeitar o vento, a chuva, as matas e os animais.

Nas fazendas, minha família continuava plantando e colhendo cacau, mas em menor quantidade. A produção era vendida a grandes empresas processadoras que compravam de todas as fazendas, não importando o tipo ou a qualidade do cacau. Nesse ano, conheci Luiza. Juntos, retomamos o contato com os moradores das fazendas de minha mãe e de meus tios. Quando resolvi mudar o sistema de cultivo das nossas plantações para o manejo orgânico, os trabalhadores me olharam desconfiados. "Esse menino que a gente viu crescer vem agora da cidade para querer ensinar a gente como é que se planta cacau?" Apesar de as fazendas estarem há pelo menos 10 anos sem qualquer tipo de adubo, eles estavam (mal) acostumados com o trato tradicional, químico, mesmo cientes de que isso fazia mal a eles, e que por isso tinham que usar máscaras e roupas especiais. Mas nas fazendas de cacau, até então, a produtividade – e não a qualidade – estava sempre em primeiro lugar, e foi difícil explicar que o plantio orgânico, apesar de mais intensivo, era o único caminho para fortalecer o cacau depois da incidência da vassoura-de-bruxa. E que além do fortalecimento da terra para o combate aos fungos, o futuro da saúde de todos nós estava no plantio orgânico.
Eu dividia o meu tempo entre as fazendas, a faculdade de comércio exterior e cursos de agricultura orgânica. Um deles foi com a professora Ana Primavesi, uma "feiticeira" que conhece todos os segredos do trato orgânico. Juntei-me ao meu amigo João Bernardo, também filho de fazendeiros de cacau, e criamos uma escola no campo, de agricultura orgânica. Todos os trabalhadores de nossas fazendas passaram a frequentar a escola.
Um ano depois, em 2003, na primeira safra, constatamos a eficácia dos ensinamentos. Os trabalhadores passaram a perceber, na prática, que os produtos químicos matavam toda a microfauna do solo e os micro-organismos que estão ali, o que não ocorria com a aplicação do biogeo. Ganhei parceiros leais e admiradores. Seu Zé, Mundão, Pedro, Antônio e tantos outros são, hoje, meus aliados. Homens que vêm de gerações de plantadores de cacau e que juntaram às novas técnicas orgânicas de plantio as suas sabedorias históricas sobre o trato do cacau. Passei a ser o Badaró que voltou.

O RENASCIMENTO

Diego e eu conversávamos muito sobre a crise do cacau. Analisávamos as consequências daquele momento, daquela década avassaladora, e tentávamos entender o que poderia surgir dali, daquela experiência profunda que abalou todas as camadas, desde a epiderme do sistema econômico ao último órgão emocional daquele corpo social. Do cérebro, coração, vísceras e estômago de tudo aquilo, o que resultaria?
Quando voltamos para a plantação de cacau naquele ano, Pedro Gomes deu graças a Deus. Alguns anos depois,

quando o Globo Rural[8] esteve na fazenda para falar de cacau de qualidade, orgânico, e do renascimento dessa economia no sul da Bahia, Pedro foi entrevistado e disse que tinha muito medo de que nada fosse feito para a recuperação das fazendas de cacau, e que se isso acontecesse ele seria obrigado a ficar na cidade, sem saber o que fazer. Pedro declarou amor ao seu ofício e à sabedoria de plantador de cacau e produtor dessas amêndoas que, no final, se transformam em chocolate.

***

Segundo Stéphane Bonnat, *chocolatier* da tradicional Maison Bonnat, nos últimos tempos a fama do cacau brasileiro não exatamente evoluiu, mas voltou à sua reputação original de alta qualidade, semelhante à do cacau venezuelano. Esse renascimento foi possível graças aos esforços dos produtores locais, de algumas fundações e dos compradores, que têm permitido que a produção de cacau do Brasil tenha uma segunda chance de brilhar por conta de seus ricos aromas e sabores, especialmente no mercado internacional.

Nossa contribuição, na retomada do plantio do cacau no Brasil, foi principalmente a recolocação de nosso produto no mercado internacional de cacau e de chocolates finos. Resolvemos construir nossa fábrica assim que concluímos que deveríamos cuidar de toda a cadeia produtiva: da plantação ao tablete. Sabíamos que se ficássemos apenas na produção do cacau, não conseguiríamos reverter o quadro socioeconômico da região, como deve ser para que haja um renascimento da economia do cacau e a consequente preservação da floresta.

Diego levou esse nosso cacau até a França, percorrendo o caminho de sempre: das colônias para a corte. Tinha que ser assim, para começar. Afinal, o povo do Velho Mundo, ao longo do tempo, tem feito uns bons doces com esse nosso fruto. Os chocolateiros artesanais que fazem o mercado de chocolates finos europeus começavam a procurar cacau de origem controlada, ao mesmo tempo que estávamos, Diego e eu, preocupados em produzir um cacau *premium* e *terroir*: o fruto que traz na sua composição as características de sua terra.

Cacauicultores que não desistiram de suas plantações fizeram e têm feito a diferença. Diego é um deles. ∎

[8] Matéria do Globo Rural sobre cacau orgânico: "Fazenda muda manejo para produzir cacau de qualidade gourmet na Bahia". Disponível em http://g1.globo.com/economia/agronegocios/noticia/2014/09/fazenda-muda-manejo-para-produzir-cacau-de-qualidade-gourmet-na-ba.html. Acesso em outubro de 2015.

2. CACAO

THE STRENGTH OF CACAO IN DEVELOPING COUNTRIES IS AMAZING. THE MAGICAL IDEA IS THAT WHEN YOU EAT CHOCOLATE IN PARIS, YOU FEEL PLEASURE, AND THAT FEELING AFFECTS THE CACAO PRODUCER IN THE SOUTH HEMISPHERE, HELPS HIM IN HIS DEVELOPMENT. THAT'S THE MAGIC OF CACAO.

(FRANÇOIS JEANTET)

HISTORY OF THE FRUIT

Cacao is native to the Amazon basin. Botanists believe the fruit originated from areas close to the Amazon river, having expanded from there towards Central America and spreading south of the basin.[1] Because it's a tropical fruit – cacao grows twenty degrees above and below the Equator line – it's useless to try and plant a cacao tree in Provence, on Fifth Avenue, in the Swiss Alps...

Through the evolution of forests, cacao arrived in Mexico, where it was transformed into a beverage for privileged emperors. In the Aztec civilization, the fruit was so important that it was even used as currency.

> **THE WORD CHOCOLATE COMES FROM THE NAHUATL LANGUAGE OF THE AZTECS, AND REFERS TO A BITTER BEVERAGE MADE OUT OF CACAO BEANS, XOCOATL, WHICH, IT WAS BELIEVED, RELIEVED EXHAUSTION, BESIDES BEING AN APHRODISIAC. XOCOATL WAS THE BEVERAGE SERVED IN THE RITUALS TO THE GOD QUETZALCOATL, WHOSE NAME MEANS "THE PLUMED SERPENT". THE SERPENT BECAME THE SYMBOL OF CACAO.**

Europeans, however, only had contact with the fruit during the 16th century, and from then on the presence and importance of cacao only grew all over the world. Since then, it has conquered everybody's taste buds.

Today, several centuries later, cacao and its byproducts are consumed in many forms and almost everywhere. Because of that popularity, people have been seeking for centuries to expand cacao plantations to regions with climate and soil conditions

---

[1] CEPLAC, "Cacao: history and evolution". Available at http://www.ceplac.gov.br/radar/radar_cacau.htm. Accessed on July 2015.

similar to those of forests, the tree's natural habitat – regions with deep and rich soil, hot and humid climate, temperature averaging about 77°F and abundant rain.

In Brazil, cacao cultivation began officially in 1679. Its botanic cradle was the Amazon region, but cacao culture has developed in the south of Bahia, brought to the region around 1746 by Frenchman Louis Frederick Warneau.

Here, on our lands in the south of Bahia, cacao is planted in the forest's shade and needs it to survive. Cacao and forest are part of the same story.

WELL BEYOND CHOCOLATE...
WHEN THEY ARE RIPE, CACAO FRUITS PRESENT THICK, YELLOW HUSKS. TO BE OPENED, THEY HAVE TO BE CRACKED APPLYING SOME STRENGTH; AND INSIDE, THE SEEDS ARE WRAPPED IN A WHITE, SOUR-TASTING PULP. THE COCOA MASS, WITH ITS INTENSE FLAVOR, IS EXTRACTED FROM THOSE SEEDS (ALSO CALLED BEANS), WHICH UNDERGO A FERMENTATION AND DRYING PROCESS, AND AFTERWARDS, THROUGH ROASTING, CONCHING AND SEASONING, THEY ARE TURNED INTO THE BASIS FOR THE CONFECTION OF CHOCOLATE.[2]
BESIDES BEING RAW MATERIAL FOR CHOCOLATE, CACAO FRUITS HAVE OTHER USES. THE PULP, FOR INSTANCE, CAN BE USED TO MAKE JUICE, JAM, FINE DISTILLATE AND BREWED LIQUORS AND SYRUPS FOR CONFECTIONERY, NOT TO MENTION NECTARS, ICE CREAMS AND OTHER DESSERTS. THE HUSK CAN ALSO BE ECONOMICALLY EXPLORED: SEVERAL RESEARCHES HAVE ALREADY SHOWN THAT IT CAN BE USED AS FOOD FOR COWS, PIGS, FOWL AND EVEN FISH; BESIDES BEING UTILIZED IN THE PRODUCTION OF BIOGAS AND ORGANIC FERTILIZER.[3]

IN THE HEART OF THE FOREST, IN THE SOULS OF MEN, NATURE EVERY DAY

When we began our quest to claim back the cacao plantations in this region of Bahia, we decided to grow a top-quality organic crop. Here we would have the perfect soup that the soil provides to produce a rich cacao with a unique complexity of flavors, on account of the widest genetic diversity of cacao on Earth, which is located here, in the Brazilian forests.

The cacao plantations in the south of Bahia are located in gorgeous deep forest areas, and exactly because of that, access is difficult and requires a know-how that goes beyond cacao. It requires knowledge of the ways and means of the woods, the fauna and the flora. A practical, oral wisdom, which the workers who act in the forests have.

In the south of Bahia, many people are used to it and know well how to

---

[2] FIESP, "Curious facts about cacao". Available at http://www.fiesp.com.br/sicab/noticias/cacau. Accessed on July 2015.

[3] CEPLAC, "Cacao: history and evolution". Available at http://www.ceplac.gov.br/radar/radar_cacau.htm. Accessed on July 2015.

deal with this complex universe of thousands of lifeforms. This people know where to step, where to plant, at which time. The wisdom of those who deal with the woods isn't academic: it's the wisdom borne out of living there, out of years and years dealing every day with the rain, the temperatures, the differences between seasons. These are workers who look at the sky, feel the wind, the lulling of treetops, hear the sounds of animals or drafts penetrating the dense layers of green, and announce, it's gonna rain, it's gonna open up. Or they say, this year it's beautiful, what plenty! It rained in the right season.

That's how it works. There are only hints, no exact prognosis: what we have is nature every day.

***

Planting isn't easy. Not even for those who have been doing it for years. It requires so many observations that even all the time spent by someone in the groves isn't enough to cover all the possibilities. In the peasants' parlance one can already verify that nothing is certain or predictable. It's something like, "Will the harvest be good, Pedro?" Answer: "Yeah... maybe. It rained a lot, the soil's been well treated. But only God knows." Which means, everything points to a good harvest, but anything can happen until then. Many new things enter the equation, by the hand of God and beyond Him. The actions of man, deforesting, leaving river springs unprotected, are one of them.

Men who have been planting cacao for generations know how to read the combined signs that warn them about what's going to happen that year. Depending on how the plantation is going to be, they also know what way the harvest will turn out, whether the trees will have many or few fruits, good, average or nothing. If the blossoms opened the right way, at the right time, there are signs that the fruits are going to turn out one way or another. Whether the men didn't clear well the soil around every tree, whether they cleared it too much, whether they hurt the fruits with their knives, whether they left them too long under the flags or for too short a time... All of those "whethers" are crucial to determine the kind of bean that will ultimately be used to make the chocolate mass.

CACAO CULTIVATION

Diego is an early riser. At 4 AM he meets with Pedro, and they go to the cacao plantation. He checks the plantation, analyzes the soil, and sees whether it needs more compost with rocks from the *sertão*, whether the pH is right. He verifies the harvest, the fermentation, the vats' temperature, up to 120º F. He sits down with the workers, corrects details, okays directives. In each farm, there are 370 to 750 acres of cacao plantation.

Diego wants to see it all. He only comes back when the day is done... Working in the groves requires a strong will.

After all the cacao is picked, tree by tree, the *bandeiras* (which means "flags" in Portuguese) are made, like this: one of the men picks the fruits from the tree. Another follows him, gathering the picked fruits and throwing them in wicker baskets - strapped to his back, like duffel bags -, and carrying them to areas, still inside the plantation, where five to seven days later - long enough for sugars to concentrate and humidity to dry off - everyone gathers round that pile of fruit to break the cacao pods, which is the name given to the thick husks that protect the cacao beans. Several fruit piles are formed along the plantation. They're called *bandeiras*.

The beans, wrapped in the fruit's white meat, all stuck to the stem or *cibira*, as locals call it, are stored in wooden boxes whose content, after the boxes are full, is put by the men into the wicker baskets strapped to the donkeys' backs.

Donkeys are the best animals for this kind of harvest. They are like small horses who adapt very well to crops under the shade of big trees. There is no way to mechanize the harvest and plantation. Differently from single crops planted under the sun, you have to create methods adapted to the issues of density that the preserved forest shows.

Troops of men get into the forest with their big knives and donkeys with baskets on their backs, to return, at the end of the day, loaded with cacao beans wrapped in pulp, leaving the husks near the *bandeiras*, which over time will turn into compost, feeding the soil.

The cacao they've brought is unloaded into wooden boxes for the fermentation period. There, as days pass, while all the processes of fermentation run their phases - anaerobic, aerobic, yeast development, protein breakdown, sugar breakdown -, the cacao pulp oozes through the gaps in the wooden troughs, until comes the drying stage for the beans.

The beans are taken from the troughs to the sheds, where these drying rituals will be ministered. It consists indeed of a ritual. On top of the sheds that function as warehouses, moving roofs act as "lids" for giant cooking pots. It's like this: in the shape of a big triangle, like the simplest designs in some architecture, the roofs move on rails, down the total area of the shed, covering and uncovering that terrace completely loaded with cacao beans. Workers climb on top of the sheds two to three times a day and stir the pile of beans in order to dry them evenly.

The sheds are opened to the sun very early in the morning. Around noon, they're closed so the beans are spared from the high noon sun overhead. Around 2 or 3 PM, the cover is once more pushed on the rails, to expose again the beans to the milder afternoon sun.

What we know is that we are in the Atlantic Forest. In the rainforest. That means the logic of covering and uncovering the sheds, day by day, actually follows the rain pattern. If it's raining a lot during those days, the shed will be uncovered whenever the sun is shining. And if it shines only at noon, so be it.

There is a logic to the forest, and it's learned from life, from the experience of the people who live there, dealing with the elements. Today, on account of the drop in production during the 1990s and the upheaval it brought about in the socioeconomic order of the region, many of the men who knew the ways of the forest are getting old and don't have anyone to inherit their wisdom. Such wisdom has to be preserved, but the sons of wise men, of cacao are leaving the plantations. On that respect, Pedro Gomes tells, from his own experience:

> Nowadays, no one wants to live on the farms. I like it, I like the plantation. I've been working with this family for almost forty years. I've known Diego since he was a toddler. In the beginning, I worked with cacao, with cattle, with black pepper, piassava, but my business is cacao, it's what I like the most. I did well, thank God, and I've stayed. But I'm leaving now, not because I don't like it, not that, it's just that I'm tired. When I arrived here, we had 1,144 trees. Now we have more than 70,000. (...) My kids didn't want it, one lives here with me, she works here, but she hasn't got a good mind to look after everything, to manage. I've got another son

who's a botanist, he went to work in London and now he's a teacher at the university. And there's this kid, my son-in-law, I'm teaching him and he's learning. But most of them now got their houses out there, in the city, they've got their TV sets and stereos, their stuff, they work by day and go home in the evening. I am always here.

Diego is also constantly talking about that. Of his generation, in his family, only he came back to the cacao plantations.

THE FARMING FAMILIES

The south of Bahia, during the whole 19th century, attracted from all places people who wanted to grow cacao. By the end of the century, cacao farming gained expression. The amount of cacao exported from the south of Bahia went up from 15 metric tons in 1852 to 30,000 in 1889, and 50,000 in the 1920s. In the 1880s, Bahia was exporting 400,000 tons of cacao. This new economic force from the beginning of the 20th century reached the golden peak of cacao economy. Cacao became synonym with money.

In the town of Ilhéus, some of the people who witnessed the golden age of cacao still live there today. One of them is Popoff, born Raimundo Kruschewsky – descendant of a Polish family that came to Brazil, straight to Bahia, in 1870. About that time, Popoff tells:

There were great fortunes. Since 1900. I was born in 1925, in a farm near Rio do Braço, where there weren't mud shacks and huts anymore. The houses were all brick and mortar. The farmer lived poorly in his farmhouse, with only one bathroom, a wooden stove, but the houses were good. And normal houses, brick-and-mortar ones, for the workers. The land reform in Brazil was made in the cacao region. Like it was with my grandfather: everyone was compadres back then. (...) My grandfather started in the Rio do Braço lands, with one woman and some workers, planting, struggling, he opened a grocery store, began selling clothes, food, beans, that sorta thing, and got richer and richer. (...) Cacao supported, it made Salvador, it made Ilhéus' harbor. What cacao growers have done was wonderful. Itabuna, Ilhéus, Itajuípe, they were all made by cacao growers. By their work.

Much has been said about the economic power of the farmers who established themselves in the region since the beginning of the 1800s. Books have been written about the region and the families ruled by these lords, to whom the daily chronicle gave this title of command: colonels of cacao.

The title made sense, since the heads of those families, of those clans, used to form their own armies. Back then, the south of Bahia couldn't count on protection from the federal government, and according to the nation's central power, cacao production already did its part, paying ever-higher taxes.

Jorge Amado, chronicler of the histories of cacao and the south of Bahia, the place where he was born and lived, told to the world the sagas of the local families. Members of the Badaró family are the main characters in the novel *The violent land*, a long tale of "romance, adventure, violence, crime, seduction and passion", according to *The New York Times*, quoted in the book's American edition.

The lands in the south part of Bahia, ever since the beginning of cacao culture, were disputed through violent confrontations. Ambushes, assassinations, everything happened to protect properties and to advance and conquer territory. A Bahian Western movie, where the law didn't exist for the powerful families. To put it better, those families made the law. Jorge Amado writes, in *The violent land*:[4]

> That night, Horácio arrived with his cronies at the plantation of the three friends. He surrounded the ranch, and they say he put down the men himself. And afterwards, with the knife he used to peel fruit, cut out Orlando's tongue, his ears, his nose, tore off his pants and neutered him.

---
[4] AMADO, Jorge. *Terras do sem-fim*. São Paulo: Companhia das Letras, 2008.

THE BADARÓ FAMILY

In the late 19th century, the three Badaró brothers, coming from Sicily, in Italy, arrived in Recife. They followed different paths: Líbero went to São Paulo, Diego to Minas Gerais and Antônio to the south of Bahia, where he married Ambrozina and had thirteen children. (Among them, two became Jorge Amado's characters: Sinhô and Juca Badaró.)

Antônio became Municipal Counselor in Ilhéus, and in the Sequeiro do Espinho region, with his children's help, he developed cacao culture on several farms.

The Badarós, in the beginning of the 20th century, formed a powerful family and maintained good relations with the other big farmers, especially with Basílio Oliveira, who by then had married off his daughter Anita (whose actual name was Honorina) to Domingos Badaró (Antônio's son). One episode, however, ended the peace between the two families: Sinhô Badaró was ambushed by order of the Oliveira family. The intention was to kill him, but that didn't happen, and Juca Badaró, his brother, soon reciprocated the trap, starting a feud between the families.

The origin of the conflict, obviously, was land possession. Back then, the dispute for fertile land for cacao growing was fierce, and the landowners made no fuss about resourcing to illegitimate practices, such as burning down documents and deeds through arson, leonine contracts and, as a last resource, assassinations. That was what happened in the confrontation between the Badarós and the Oliveiras in relation to the lands in the Sequeiro do Espinho region.

In spite of the family ties brought about by Anita and Domingos' marriage, the violence reigned for years, transforming the region. With the ensuing anarchy, many families who had nothing to do with the conflict moved away from there. The Badarós and the Oliveiras formed their armies of henchmen, the *jagunços*, and shed a lot of blood – the Almada River, as people tell and as is described in Jorge Amado's books, became red with it.

The governor of Bahia, who belonged to the Badarós' political party, ended up sending official troops to placate the conflict, and in March 1919, order was reestablished in the region.

The heirs of the union between Anita and Domingos are like offspring of Romeo and Juliet: after so much bloodshed, the same Oliveira and Badaró bloods run mixed in their veins. On the part of the conciliators, this union begot Humberto, Diego's grandfather, who married Núbia and had five children. Among them, Kátia Badaró.

Humberto was a great farmer and cacao producer. He lived with his wife on the Vale do Ouro farm, in Sequeiro do Espinho, where Núbia, expecting their first child, was bit by a scorpion and had to be carried by men to the nearest town to get treatment. She braved the deep forest, resisted with all her strength and will, but ended up losing the baby.

Soon after that, Núbia would get pregnant again of the son who was named after his grandfather: Domingos Fernandes Badaró.

Humberto died young, aged 50, of a heart attack caused by Chagas disease, and left 28 farms to his widow Núbia and his children. Núbia, then, took the reins of those farms. Back then, all of her children were still very young and studying. Over time, Domingos, the oldest, graduated in Agronomy and took over the properties' management alongside his mother. Kátia went to Salvador to major in Psychology. Years later, she started helping her son Diego at the AMMA chocolate factory, in his return to cacao planting in the farms and chocolate production from their own fruit.

> "WHEN THE DOG WAILED IN THE PATIO, DON'ANA BADARÓ SHIVERED IN HER HAMMOCK. IT WASN'T FEAR. IN THE TOWNS, VILLAGES AND FARMS, PEOPLE SAID THE BADARÓS DIDN'T KNOW WHAT FEAR WAS."
> (JORGE AMADO)

Women in the Badaró family were always very strong. When Maria José, Sinhô Badaró's daughter, was 9 years old, she helped her father defend the farm where they lived from a vicious attack by the Oliveiras: an army of almost 300 *jagunços* was invading Sinhô's lands. Maria kept loading the guns while her father fired away, defending his home and his family.

Sinhô, worn out by the bloody confrontations, sold his lands and died soon after, at the very young age of 38. His brother Juca carried on the fight against the Oliveiras, amidst more ambushes and many deaths, until the intervention from Bahia's government.

Kátia, Diego's mother, is a certifiable Badaró: she loads weapons – spiritual ones now – to defend her family and friends from any attack. Strong-willed, a junior shamaness at Gantois – one of the most important and well-known *candomblé* temples in Brazil, on account of one of their priestesses, the dear Mãe Menininha do Gantois –, Kátia is a warrior just like her grandmother Anita, like her father's cousin, Maria José, and like her mother, Núbia, who looked after her and her brothers while she ran the farms left by her husband using a gun and a knife in her belt and facing the roads, leading workers on isolated farms of deep forest, just like, by the way, cacao plantations still are run today in the region.

Her sister Gilka, Diego's aunt, carries on the family's political saga: elected mayor of Itajuípe several times, she recently (in 2012) was voted back into office in a landslide victory. Her father, Humberto, was also Itajuípe's mayor, back when that town was still called Pirangi.

In addition to the big families, there were also several medium-sized producers in that region of Bahia, according to Julia Herminia Sá Souto, a friend of the Badaró family. In her statement, she talks about growing up during that increase in the value of cacao culture:

My family has been in the cacao business for more than a hundred years. My father, Liberalino Barbosa Souto, came from the cacao zone in Jequié and settled in Aracata, near Ilhéus, a typical cacao region, still in the 1930s. He and my mother, Lousinha Sá Souto, who was way younger than him, cleared the woods together, "set up crop", as they say, going deeper and deeper into the woods, within a region of dense forest, with lots of water – not by chance it is known even today as the "Region of the Springs". My father had a medium-sized farm and a big one, which didn't mean a lot. We were average producers, middle to lower-middle-class. Didn't have much in the way of comfort. (...) Life was good, I can't complain, but, I repeat, without luxury. Everybody had to work, to study. I grew up attached to cacao, to my parents' farms. Even when I went to Salvador to study Psychology, I'd always manage to go to Springs on vacation. My father knew that it was important for me not to get disconnected from the land. He'd send letters to Salvador, telling about the cacao, about the plantations. When I came to the farms, I'd run the plantations by his side, riding on a horse. I've followed all the growth of the farms, of production. We planted, over ten years' time, almost 100,000 trees. (...) I've also witnessed the construction of ten houses with running water and electricity. We built a jewel of a school, a public medical center. My father had that awareness, of growing as a producer, but never neglecting social benefits.

In 1990, the situation changed drastically for the producing families: the witches' broom plague arrived in the region, decimating plantations and bringing the economy and the cacao families to their knees.

THE WITCHES' BROOM

In 2002, the year everything started for us, when we went back to the cacao farms, we knew the business in the south of Bahia was below par. The cacao produced in Brazil was still suffering the consequences of the tragic decade of 1990, when the introduction of a fungus, known by the name of witches' broom, endemic to the Amazon forest, devastated the cacao plantations and brought about, in less than six years, that region's socioeconomic downfall. The farmers – all of them – hit rock bottom. Workers' families were left abandoned, without any income, with the loss of harvests as the disease spread.

The downfall was that vast because the fungus was placed on farms located in strategic positions, from where the winds' direction would make dissemination easier. This is one of the many facts that confirm the intentional introduction of the fungus in the region.

But before that, to compound the loss of whole plantations, a series of measures adopted by local researchers resulted in the expansion of the disease. And that's a chapter which deserves a whole book.[5] The techniques against the fungus divulged by the Cacao Farming Plan Executive Commission (Ceplac, in Portuguese) proved to be wrong, and instead of fighting the fungus, they helped it propagate. Furthermore, financial aid available through government banks piggybacked the use of the aforementioned techniques to the concession of any credit to cacao farmers who were trying to save their plantations.

Raimundo Kruschewsky (Popoff) talks about that time:

> Nobody stole anything, there wasn't any corruption, they were honest with their accounting. They failed on the technical side, in the agricultural knowledge. An awful failure. (...) So much so that the disease didn't follow a natural trajectory, it was like a circus big top closing down. Then the region died.
> The producers who decided to stick to cacao growing, even after the crisis, had to live drastically with the broom, with much reduced crops. It's a hope, but it's like cancer. Sick people get treatment, they can last, but they die from it one day. The producers were bankrupt, many of them died; people committed suicide, there were heart attacks, people who were rich and lost it all.

The biological tragedy which resulted in the downfall of such a strong and powerful economy like that of cacao in the south of Bahia – the largest producing region in the world – struck like lightning all the people who lived off that business, of that crop. Family men committed suicide, leaving widows and orphans trying to survive, with no perspective of any income at all. Overnight, it was utter chaos, the ultimate disarray of every certainty, every plan, every project. As stated by Alfred Conesa, French agronomist and former director of Cirad,[6] author of the book *Du cacao et des hommes*,[7] "the witches' broom catastrophe is a textbook case: it shows how a severe phytopathologic disease can upset a rural society".

Julia Herminia Sá Souto also describes that time in her statement:

> The farms were very productive, the employees were satisfied, we were too, everything was going nicely,

---

[5] It's worthwhile to watch *O nó* (*The knot*), a documentary produced by Dilson Araújo about the introduction of the witches' broom fungus in the south of Bahia.

[6] Acronym for Centre de Coopération Internationale en Recherche Agronomique pour le Développement, a French agronomic international research and cooperation organ for the durable development of tropical regions.

[7] CONESA, Alfred. *Du cacao et des hommes: voyage dans le monde du chocolat*. Montpellier: Nouvelles Editions Presses du Languedoc, 2012.

until the witches' broom came to end it all.

The first news about a plague spreading over the Uruçuca, Camacã region, didn't make us worry as much as we should. We heard the producers over there were setting fire to the farms to stop a plague, but we didn't think it would affect us. We weren't aware of the size of the problem, and of how quickly the plague would spread while we were unable to do anything about it. I only became sure of the seriousness of it all when I went to Camacã and found a horror movie scenario: everything dried up, burned, as if a hurricane of fire had blazed through the place. Even so, I thought that my region, because it was way up there, into the woods, would be safe. But one morning, my farm manager called me and said, "Mrs. Julia, the broom has arrived".

It was difficult for me, and for the producers in our region, to tackle the problem head-on. The trees' branches became bloated, the plague arrived very quickly. Some people had a hard time believing it, some even tried magic spells, they tried to destroy the broom in every possible way. About a year had passed since the disease's first outbreak, and almost all the cacao production in the south of Bahia was already compromised. Everyone faced that in a naïve way, without much information about the plague – at our farms, we'd spend days and days burning rotten wood, in the hope of at least curbing our losses. But only afterwards I began to study the witches' broom history more carefully, and then I realized we were dealing with the end of a cycle. The cacao cycle. (...)

I remember that the broom thing hit my mother (my father had already passed away) and the older producers in an even harder way. She was a pioneer, she'd worked a lot on the crops alongside my father, had cleared the woods, planted cacao, modernized the farms, built the school for the workers. And overnight, because of an environmental crime, a plague had swept away her whole story.

Talking about that decade brings about a whiff of the Dark Ages, of razed lands, of cholera and devastation, the plagues of Egypt, the Black Death, a punishment. As Rui Rocha remembers it,

The cacao crisis, provoked by the witches' broom, generated a social, environmental, economic and cultural disorganization without precedent in the history of Bahia. It's still a little-studied phase, but it has already produced clear repercussions on society. (...) The crisis affected the marshes, exacerbated violence, caused family disintegration, towns lost the urban quality they used to have. It was terrible.

From a production standpoint, the year of 1999 was the most critical. The lowest point in cacao production was reached. João Tavares, Diego's partner and friend, tells that one

of his farms could produce almost 400 tons, but at the peak of the crisis, it produced only 30 to 60 tons:

> Production plummeted, and I understood it wasn't viable anymore, because the fungus was present, it was impossible to eliminate it completely, only coexist with it. The first signs appeared in 1989, but only in 2000 came the worst, with production hitting rock bottom. We began with the recovery plan and then we realized we were on a wild goose chase. We lacked knowledge, so we'd accept any advice out of despair, desperately wishing any of those solutions to work.

In six years, cacao economy in the south of Bahia, which, up until the Eighties, placed Brazil in the first position among the world's cacao-producing countries, was so utterly shaken that its recovery, today, still isn't complete – production is half what it was in those years, before that fatal fungus.

About her farms, Julia Herminia Sá Souto also comments:

> We used to produce in these two farms almost 180 tons of cacao in 1987. At the height of the broom crisis, that number dropped to 4.5 tons. Today (since 2005), with a huge effort, we managed to increase production to 22-30, 36 tons, tops. I consider that a real miracle, because we work in such adverse conditions.

The implications for the environment were also many. Several cacao growers gave up their crops, felling trees (often selling the timber illegally) or burning down the forests to create pastures for cattle or planting other crops.

Since the beginning of the fungus' introduction came the concern to revert that agricultural tragedy. Researchers from the Cirad were sent to the south of Bahia, and here they joined forces with Ceplac to try and find ways to fight the disease. Other resources were implemented, this time in the right direction, to make cacao begin to recover. The disease was deeply analyzed, and solutions such as cloning and grafts, whose goal was to give more resilience to the cacao tree, gave in fact good results.

Not only the production of fruits had suffered. Their quality too. Frederick Schilling points out that when the witches' broom came and decimated the crops, forcing many producers to abandon their farms, most of what the country managed to produce was of really inferior quality. Brazil's reputation simply crumbled. Brazil became known as "that country which produces contaminated cacao", even with the exceptions, meaning, producers who made great efforts to preserve what they had and fight against the plague. Those cacao growers introduced new varieties, incorporated better handling techniques, but despite all that, in many cases they were not able to get any return on their high investment.

Alfred Conesa believes that the research for a solution privileged the search for supposedly resistant hybrids, but that alternative presented serious flaws among agriculturers, who didn't understand properly the "technological package" developed by researchers. Besides, according to him, that hybrid cacao isn't of the best quality. "I think the right path should go through ancient varieties and organic handling techniques under the shade. We'll produce less cacao, but it will be of good quality", says Conesa.

About the experience with the witches' broom and this comeback to cacao growing after the crisis, Diego says:

> The first time I realized something was wrong in our lives, I was 9 years old. It was when I heard and saw my grandmother crying and telling my mother that some of their friends were cutting down trees protected by law in order to pay the bills. I hugged my grandmother and asked her not to cut down my trees. I was sure that the whole forest belonged to me, it was there that I'd play with my cousins and the sons of the workers who lived in houses near our own. My grandmother listened to me and forbid anyone to touch the trees.
> Over time, all of the farms in the region were affected by the disease. The farmers went into debt to try and save their plantations, following technical orientations by Ceplac, which over time proved to be wrong. And so, the producers got mired even deeper in debt and in the death of their crops.
> When I decided, in 2002, that I should go back to the farms, my family looked at me with a mix of support and hesitation. I was going back armed with my mother's teachings: "The force of everything that exists is in the woods." Guided by her, I've learned to respect the wind, the rain, the woods and the animals.
> In the farms, my family still grew and harvested cacao, but in smaller quantities. Production was sold to big processing companies who'd buy from any farm, regardless of the type or quality of cacao. That year I met Luiza. And together we got back in touch with the people who lived on my mother's and my uncles' farms.
> When I decided to change the cultivation system on our plantations to organic, the workers looked at me with suspicion. "This lad that we saw grow up is gonna come now from the big city intending to teach us how we should grow cacao?" Even though the farms had been handled for at least ten years without any kind of fertilizer, they were spoiled by the traditional, chemical way of handling, even though they were aware that the chemicals were causing them harm, that they had to use masks and special garments. But in the cacao farms, up until then, productivity – not quality – came always first, and it was difficult to explain to them that organic farming, although slower, was the

only way to strengthen the cacao after the incidence of the witches' broom. And that, putting aside the strengthening of the soil to fight the fungi, the future of a healthy living for us all was in the organic culture.

I divided my time among the farms, the Foreign Trade college and organic agriculture courses. One of them was taught by Ms. Ana Primavesi, a "witch" who knows every secret in the organic trade. I joined forces with my friend João Bernardo, also a son of cacao farmers, and we opened a school of organic agriculture in the rural area. All the workers from our farms began to study there. A year later, in 2003, with the first harvest, we verified the effectiveness of those teachings. The workers began to realize, in a practical way, that the chemicals killed off the soil's micro fauna and microorganisms, and that didn't happen with the application of biogeo.

I garnered loyal partners and admirers. Mr. Zé, Mundão, Pedro, Antônio and many others are now my allies. Men who come from generations of cacao growers and who added the new organic plantation techniques to their ancient wisdom in cacao handling. I became the Badaró who came back.

THE REBIRTH

Diego and I used to talk a lot about the cacao crisis. We analyzed the consequences of that moment, of that overwhelming decade, and tried to understand what could come from that, from the profound experience that shook all layers, from the skin of the economical system down to the last emotional organ of that social body. What could result from the brain, heart, bowels and digestion of all that?

When we went back to the cacao plantation that year, Pedro Gomes was thankful. A few years later, when TV reporters from *Globo Rural*[8] visited the farm to talk about quality organic cacao and the rebirth of that economy in the south of Bahia, Pedro was interviewed and said he was very afraid that nothing would be done to rescue cacao farms, and that if that happened, he'd be forced to live in the city, not knowing what to do. Pedro declared his love for his trade and the wisdom of cacao grower and producer of these beans that, in the end, get transformed into chocolate.

***

According to Stéphane Bonnat, *chocolatier* at the traditional Maison Bonnat, the reputation of Brazilian cacao didn't exactly evolve, but rather went back to its original reputation of high quality, similar to that of Venezuelan cacao. That rebirth was possible thanks to the efforts of local producers, some foundations and the buyers, who are giving cacao

---

[8] *Globo Rural*'s story about organic cacao: "Farm changes handling techniques to produce gourmet-quality cacao in Bahia". Available at http://g1.globo.com/economia/agronegocios/noticia/2014/09/fazenda-muda-manejo-para-produzir-cacau-de-qualidade-gourmet-na-ba.html. Accessed on October 2015.

production in Brazil a second chance to shine on account of its rich aromas and flavors, especially on the international market.

Our contribution, when we took on planting cacao in Brazil again, was mainly placing back our product in the international fine cocoa and chocolate market. We decided to build our factory as soon as we realized we had to take care of the whole production chain: from plantation to chocolate bar. We knew that if we stuck only to cacao production, we wouldn't be capable of reverting the region's socioeconomic situation in order to enable the rebirth of the cacao economy, and consequently, the forest conservation.

Diego took this cacao of ours to France, treading the same path as always: from the colonies to the court. It had to be that way in the beginning. After all, those Old World folks, over time, have been making some nice candy with our fruit. The gourmet chocolatiers in the European fine chocolate market were beginning to look for cacao with controlled origins, at the same time that we, Diego and I, were worried about producing premium and *terroir* cacao: the fruit that brings in its composition the characteristics of its soil.

The cacao farmers who hadn't given up on their plantations made, and are making, the difference. Diego is one of them. ∎

3. CHOCOLATE

OS VALORES DO CHOCOLATE SÃO O PRAZER, A PARTILHA E A AMIZADE ENTRE PESSOAS DE TODOS OS CONTINENTES. TUDO ISSO É REPRESENTADO PELO CHOCOLATE.
(SYLVIE DOUCE)

O BOM CHOCOLATE NÃO PODE SER SOMENTE NEGÓCIO, DINHEIRO, NÚMEROS, SEM AMOR, É IMPOSSÍVEL PROSPERAR NESSE RAMO.
(FRANÇOIS JEANTET)

A bebida que originou o chocolate, derivada do cacau, uma vez descoberta pelos espanhóis e levada às cortes europeias, tornou-se a bebida das bebidas: afrodisíaca, excitante, consumida por senhoras, rainhas e duquesas, que a consideravam tão provocadora quanto o champanhe. Hoje, o nosso cientificismo deu a isso uma fórmula: o chocolate é um alimento funcional que atua na produção de serotonina – um componente químico da cadéia de neurotransmissores que é responsável pelo prazer, pelo otimismo, pela alegria e pelo bom humor. Ele combate os radicais livres e promove a redução das taxas de colesterol, entre tantas outras benesses...[1]

Nada que impedisse que, a uma certa altura do uso e da pesquisa classificatória, bem ao gosto do enciclopedismo, os pesquisadores europeus dessem à árvore um poético nome em latim: *Theobroma cacau*. Tradução: o fruto dos deuses.

100% CACAU

Esta receita que leva chocolate foi publicada por Domingos Rodrigues em seu livro *Arte de Cozinha* (1680), tido como o primeiro livro de cozinha publicado em língua portuguesa. Ela me foi entregue por Maria Zoladz, uma pesquisadora que me foi apresentada pelo amigo Ayrton Bicudo:

---

[1] Vários artigos, nacionais e internacionais, falam sobre os benefícios do chocolate para a saúde. Alguns exemplos:
"Os benefícios do chocolate". Disponível em http://www.anutricionista.com/os-%20beneficios-do-chocolate.html. Acessado em outubro de 2015.
"Drinking Cocoa Boosts Cognition and Blood Flow in the Brain". Disponível em http://www.nutritionletter.tufts.edu/issues/9_11/current-articles/Drinking-Cocoa-Boosts-Cognition-and-Blood-Flow-in-the-Brain_1270-1.html. Acessado em outubro de 2015.
"Cocoa 'might prevent memory decline'". Disponível em http://www.bbc.com/news/health-23607879. Acessado em outubro de 2015.

Ponham-se a torrar cinco arráteis[2] de cacau. Depois de torrado, limpem-no e tirem-lhe a casaca, pise-se muito bem, misture-se com três arráteis de açúcar de pedra e três onças de canela fina peneirada. Logo que estiver tudo isto muito bem misturado, vá-se moendo em uma pedra, como quem mói tintas, moa-se segunda e terceira vez e como estiver em massa deitem-lhe oito baunilhas pesadas e peneiradas. Façam-se os bolos na forma que quiserem.

Há muito, os europeus, depois de levarem para a Europa o fruto que encontraram nas bebidas astecas e maias, tomaram como hábito misturar vários ingredientes ao cacau. Alguns desses ingredientes tinham por missão acostumar o paladar europeu àquela massa feita com as amêndoas de cacau.

A massa de cacau não é doce: é forte, com um intenso gosto de elementos puros e selvagens da natureza. Nosso chocolate 100% cacau tem sido um dos mais consumidos hoje em dia por diversas razões: porque há pessoas que eliminaram o açúcar de suas dietas, e há outras que procuram a energia que o cacau proporciona por conta de seus nutrientes - teobromina, cromo, ferro, magnésio, cobre, manganês, vitamina C, ácido graxo ômega 6, feniletilamina, anandamida, zinco e triptófanos, etc...[3]

O cacau é um dos alimentos naturais com a maior concentração de antioxidantes do planeta.[4] Os chocolates muito doces - com muito açúcar em sua receita - acabam por não proporcionar os mesmos efeitos de um chocolate com alta concentração de cacau, por motivos óbvios. O açúcar tem sido o vilão da alimentação. E o cacau, o herói.

OS MERCADOS DO CHOCOLATE E SUAS IMPLICAÇÕES

O chocolate é uma paixão sem nação: cresce numa proporção fantástica à medida que se apresenta e se faz chegar a qualquer área deste planeta, por mais distante que seja. Apesar de o gosto pelo produto ser unânime, existe uma diferença bem definida de mercados para o chocolate.

Um é o mercado das *commodities*, no qual o cacau, vendido ao preço da bolsa de mercadorias e futuros, atende à grande indústria de processamento. Nesse caso, o cacau processado não atende às especificações de qualidade de fermentação, secagem e torrefação. Em geral, esse cacau é comprado de vários cacauicultores e misturado, formando um líquor sem os devidos requintes.

O mercado de cacau fino, pelo contrário, tem origem controlada: embora ainda não exista uma certificação concedida por órgãos especializados (como ocorre com o vinho), os grãos

---

[2] Medida equivalente a uma libra ou 459,5 gramas.
[3] "Dez bons motivos para comer chocolate". Disponível em http://mercadodocacau.com/noticia/24397/dez-bons-motivos-para-comer-chocolate.html. Acessado em outubro de 2015.

[4] "Cacau é considerado o alimento com mais antioxidantes, diz nutricionista." Disponível em http://g1.globo.com/minas-gerais/noticia/2012/03/cacau-e-considerado-o-alimento-com-mais-antioxidantes-diz-nutricionista.html. Acessado em maio de 2016.

são selecionados e todas as etapas do processo são feitas com rigor e requinte, com qualidade de plantio, processo, tratamento e fermentação – todos os componentes que influenciam na saúde e no sabor final do fruto transformado. Essa qualidade começa, inclusive, no trato humano, nas condições de trabalho e no respeito a quem cuida da terra, planta, cultiva e entrega as amêndoas prontas para serem torradas e transformadas em massa ou líquor para o feitio do chocolate.

O cacau, assim como tantos outros cultivos, ainda continua na sua imensa produção entregue para as grandes indústrias, sendo plantado, colhido e trabalhado de qualquer maneira, com a única preocupação de se conseguir preços por arroba muito baixos. Áreas de cacau, como a Costa do Marfim, na África, são cultivadas com trabalho escravo e infantil, a pleno sol. E hoje, é de lá que sai a maior quantidade de cacau a ser processada pelas grandes indústrias multinacionais. No documentário *The Dark Side*

of Chocolate, o jornalista dinamarquês Miki Mistrati retrata essa triste realidade: o gosto dos chocolates feitos com trabalho escravo infantil deveria ser de sangue e de vergonha.

O chocolateiro francês Stéphane Bonnat comentou, em seu depoimento, que infelizmente a maioria das empresas ligadas ao chocolate ainda está seguindo práticas antiéticas que afetam as comunidades e o meio ambiente nos países produtores de cacau. Segundo Bonnat,

> Algumas de suas práticas enganam tanto os consumidores quanto os produtores de cacau. (...) Algumas empresas, para ajudar no desenvolvimento de regiões produtoras de cacau a fim de suprir as necessidades da indústria, introduzem alterações no cacau endêmico para substituí-lo por híbridos de alta produção, ou trazem cacau para áreas onde antes não havia e onde não há *know-how* ou uma verdadeira cultura de cacau. Isso não só prejudica o meio ambiente, afetando a biodiversidade, como também faz os produtores entrarem em uma guerra de preços que é insustentável. Esse tipo de estratégia não está trazendo nenhuma resposta para a real necessidade de produção. Ela cria mais dor do que ajuda, fazendo os tipos de cacau endêmicos desaparecerem e afetando as comunidades, que muitas vezes optam por parar a produção de cacau.
> Em outras palavras, a proliferação de uma falsa consciência e de práticas antiéticas está criando uma nova colonização dos países produtores de cacau, concentrando recursos que afetam as comunidades e os ambientes naturais. Infelizmente, apenas alguns poucos chocolateiros e consumidores empenham-se em seguir práticas éticas em todas as etapas de sua atividade, sendo ainda rara a consciência do impacto socioambiental que as grandes indústrias acarretam.

A tradicional casa francesa Maison Bonnat tem barras com nomes de origem brasileira, como a Fazenda Luiza, a Juliana, a Libânio e a Maranhon. Stéphane Bonnat fala sobre a ética de trabalho junto aos produtores brasileiros:

> A família Bonnat trabalha com o cacau brasileiro há mais de cem anos. Juliana e M. Libânio estão muito perto do meu coração, porque eles fazem parte de projetos de produção de cacau ético ligado à redução da pobreza no Brasil. Ambas as associações por trás desses projetos necessitam de incentivo e de ajuda para fazer algo que eles amam. Tenho o maior prazer de colaborar com isso. Juliana, em particular, foi como uma viagem de volta para casa, foi um esforço para recuperar a produção de cacau no Brasil depois de uma década de devastação por conta da praga vassoura-de-bruxa, que assolou o sul da Bahia nos anos 1990. Esse projeto resultou em cacau de alta qualidade sendo produzido por uma comunidade comprometida de produtores de cacau.

O chocolate chamado Fazenda Luiza foi uma homenagem aos meus amigos Diego e Luiza, porque eles são a imagem de uma jovem e surpreendente visão da renovação do cacau brasileiro. (...) Diego é um grande exemplo de alguém que ama a natureza e se destaca na produção de cacau com uma visão ética, que protege tanto os produtores quanto o ambiente. Luiza é um belo exemplo de criatividade. Ela imprimiu no amor de Diego pelo cacau uma visão criativa que possibilitou ao chocolate – que vem de ambientes naturais saudáveis – chegar a um novo mercado, que estava sedento de qualidade e beleza.

O CHOCOLATE DE ORIGEM

Os países produtores de cacau são geralmente subdesenvolvidos ou emergentes, de modo que, via de regra, eles cuidam apenas da produção de matéria-prima. A maioria dos cacauicultores contenta-se em vender seu cacau bruto, e são raras as experiências de transformação do cacau "da terra ao tablete".

Alfred Conesa alerta que esses produtores precisam perceber a necessidade de ir mais longe, até a fabricação do chocolate, para que assim possam desenvolver o seu cacau e se beneficiar do valor agregado associado a essa transformação – como fizeram os produtores da França, que transformaram suas uvas em vinho.

Na Europa, ninguém falava sobre a qualidade de cacau, por exemplo, como sempre se falou sobre a qualidade das uvas em relação ao vinho. Stéphane Bonnat conta sobre a experiência de seu pai quando esse cenário começou a mudar para o mundo do chocolate:

> Eu sou a sexta geração de chocolateiros na Maison Bonnat. Minha família começou a fazer chocolate em 1884, e, desde então, cada geração herdou o conhecimento e ética de fazer chocolate e acrescentou algo pessoal para a história da família. Meu pai era um homem muito curioso e interessante. Ele adorava vinhos e fazia parte de um grupo de provadores de vinho da nossa região. Desse interesse veio a ideia de que as diferentes características dos grãos de cacau, tais como tipo, localização, *terroir* e até mesmo tempo, tinham a mesma importância para a fabricação de chocolate que as uvas têm para a produção de vinhos. Ele pensou que era uma pena que tal conhecimento não chegasse aos consumidores, e decidiu compartilhar com seus compradores o que ele pensava ser uma visão fascinante sobre o mundo do chocolate.
> Quando os primeiros chocolates de origem foram apresentados, meu pai foi duramente criticado por outros *chocolatiers*. A maioria das pessoas naquela época acreditava que indicar a proveniência dos grãos de cacau seria algo muito complexo para os consumidores entenderem e diziam que essa ideia de meu pai, de chocolate de origem, não sobreviveria mais do que uma temporada.
> Agora, essa ideia de origem de chocolate tornou-se uma tendência mundial. Mas, para mim, ela permanece como um dos pilares da tradição Bonnat, um legado de meu pai e um lembrete da importância da ligação entre o meu trabalho e o trabalho dos produtores de todo o mundo que se preocupam com o cacau que usamos para fazer o chocolate.

Isso é o que a gente costuma dizer: assim como há vinhos sem procedência, ou mesmo os vinhos que aqui chamamos de garrafão, feitos sem requinte e cuidados específicos, também há os chocolates "de garrafão", feitos com cacau sem qualidade ou mal cuidados. Mas, ao contrário do que acontece na cultura da uva e do vinho, pelo fato de a cultura do bom cacau de origem não estar efetivamente conhecida e consolidada, o preço final de um chocolate excelente não difere muito do de um chocolate ordinário.

Segundo Sylvie Douce, fundadora do Salon du Chocolat junto a François Jeantet, o evento também teve um papel muito importante na aproximação entre os produtores de cacau e os de chocolate:

> Vinte anos atrás, quando nós criamos o Salon du Chocolat, fomos os primeiros a pedir aos produtores de cacau que participassem do evento. Na primeira edição tivemos produtores vindos da África, depois da América do Sul, e acabamos gerando esse contato entre agricultores e *chocolatiers*.

No Brasil, antes da vassoura-de-bruxa, por um longo período o país simplesmente não trabalhou a comunicação de seu cacau. O foco parecia ser apenas o café: a indústria cafeeira tradicionalmente comunica a origem dos grãos, informando nos rótulos, por exemplo, "Café Arábica do Brasil"; já a indústria do chocolate nunca teve esse costume de indicar a origem da matéria-prima.

Hoje em dia, em todo o mundo temos cada vez mais fabricantes de chocolate preocupados com a origem do cacau e se envolvendo em sua produção. O fenômeno ocorre nos dois sentidos: cacauicultores que passam a fazer chocolate e chocolateiros que vão pouco a pouco se tornando também cacauicultores, como Pralus, Bonnat e tantos outros, seja com fazendas próprias, seja com a pesquisa e busca do cacau direto na fonte. Como afirma Bonnat,

> Da amêndoa de cacau ao tablete e da árvore ao tablete, são as novas tendências do mercado de chocolate. Esses movimentos compartilham a visão original de *chocolatiers* tradicionais para transformar o cacau em chocolate respeitando suas origens e prestando atenção à fonte: as plantações de cacau. Ambos os movimentos tornaram-se tendência nos últimos anos como uma resposta ao chocolate industrial e à falta de acesso ao chocolate de alta qualidade em algumas regiões do mundo (...).

Aqui no Brasil, já temos exemplos de produtores de cacau que adotaram a ideia de produzir o próprio chocolate. Diego Badaró foi o pioneiro desse movimento. Segundo ele,

> Precisávamos estar presentes em toda a cadeia produtiva – da árvore de cacau à barra do chocolate. Essa era a única maneira de gerar ganho para toda a fase do processo e, para as pessoas, trazer o sabor exclusivo da nossa tradição de cultivo do cacau orgânico.

Assim como os *chocolatiers*, parte do público também está ficando mais consciente em relação às questões socioambientais. Na França, por exemplo, os consumidores estão cada vez mais sensíveis aos problemas ligados à qualidade. Esse conceito integra três parâmetros, que Alfred Conesa resume pela "regra dos 3S":

- **S DE SABOR:** qualidade organoléptica, aroma.
- **S DE SOCIAL:** significa a recusa diante de produtos que resultem do trabalho de mão de obra escrava e infantil, e pagamento de preços justos aos produtores nas fazendas (cacauicultores).
- **S DE SAÚDE:** ausência de pesticidas prejudiciais à saúde, respeito ao meio ambiente, agricultura orgânica nas florestas.

Ainda segundo Conesa:

> Os raros cacauicultores que transformam o cacau em chocolate são exemplos também por praticarem um cultivo que respeita o meio ambiente. Eles fabricam seus tabletes de chocolate e revelam, assim, um alto nível de conhecimento gastronômico. É o caso de Diego Badaró, como é também o de Claudio Corallo, em São Tomé, e de Vicente Cacep, em

Comalcalco, no México. Esses pioneiros, pouco numerosos, ao integrarem todos os elos da cadeia de produção do chocolate, garantem a rastreabilidade do produto, sua qualidade, e atendem às exigências dos consumidores por produtos feitos por pequenos produtores, a preços justos e que promovam o desenvolvimento socialmente durável das zonas produtoras.

Da mesma forma, Sylvie Douce e François Jeantet destacam a importância da origem do cacau em seus eventos, e um de seus objetivos é justamente fazer crescer o número de pessoas que apreciam e entendem a qualidade, o poder do chocolate. François Jeantet comenta:

> Não sei ao certo se o público está ficando mais consciente em relação às questões socioambientais, mas pelo que posso observar, diria que sim. Nós trabalhamos muito nesse sentido. Falamos sobre isso em nossos eventos, em conferência com participantes do mundo todo, porque queremos fazer barulho com essa mensagem: qualidade, origem, solo, tudo sobre cacau. Nós temos muito trabalho pela frente para ensinar ao mundo todo sobre o poder do cacau. (...) Existem pessoas que gostam das coisas boas, que aproveitam a vida, e essas apreciam as mudanças aromáticas no cacau de diferentes safras. Porque cacau é natural, ele muda de acordo com o clima, depende do trabalho que o homem põe nele. Eu acredito que devemos investir na reputação dos artesãos, fazê-los mais importantes, para mostrar que as variações são naturais. Há outro tipo de pessoa que só é receptiva ao alimento industrial, por ser absolutamente desprovida de paladar.

João Tavares, produtor de cacau fino, duas vezes premiado no Salon du Chocolat de Paris como o melhor cacau entre todas as procedências, acredita que o chocolate é sobretudo um alimento de memória afetiva, que vem "dos tempos de infância". Segundo ele, ainda predomina o chocolate feito sem amor, muitas vezes até com sangue; e para que isso mude, é preciso educar, porque ainda são poucos os que associam uma barra de chocolate a um fruto de cacau.

Ele conta, a respeito de suas origens:

> A minha história no cacau começa com minha família portuguesa, que chegou ao Brasil em 1917. Meu avô imigrante trabalhou em fazendas de cacau. Seu primo Humberto Fernandes já tinha uma propriedade; ele trabalhou junto, depois montou uma bodega, vendia linho, essas coisas, até que conseguiu comprar a primeira fazenda. Conseguiu educar meu pai em Salvador; meu pai se formou engenheiro civil, fez carreira como construtor, mas sempre com o pé aqui. Tudo o que ganhou, investiu em fazendas. Chegou a produzir até 67 mil arrobas, e antes de morrer, pós-crise da vassoura-de-bruxa, a produção estava em 4 mil arrobas. Todos viviam do cacau na família. A família de minha mãe também tinha cacau. Meu bisavô materno era médico, formado pela Sorbonne,

homem de posses, e tudo ele transferiu para o cacau.

Hoje, João produz cacau fino para excelentes chocolateiros e tem com Diego uma grande amizade e parceria, ambos comprometidos com a história e o desenvolvimento do plantio de cacau de qualidade no Brasil. Em seu depoimento, João elogia o trabalho de conscientização empreendido por Diego e comenta sobre o crescimento do mercado no Brasil:

> Vou comprar cacau mole para atender aos meus clientes, porque a coisa está crescendo de uma forma exponencial, e eu não tenho como atender, tenho muita procura. Um mês atrás recusei meu primeiro pedido, o que para mim é como uma facada, no final da minha safra. Porque eu também não quero entrar nesse mercado para disputar com o produtor, quero pagar um preço que o deixe satisfeito, porque nesse mercado tem muito amor, então se a pessoa sentir que não está recebendo um preço justo pela sua dedicação, ela não faz. A ideia de passar a comprar o cacau mole, pagando um preço justo, que preserve a cadeia, é um projeto para médio e longo prazo.
> Esse aumento de demanda parte de uma maioria de empresas brasileiras. Aqui, o mercado está crescendo muito. Vejo pelo Diego mesmo, que a procura aumentou muito. E a tendência nesse momento é aumentar, graças a esse trabalho que Diego está fazendo muito bem, que é de educar, como aconteceu com o café.

François Jeantet complementa essa ideia de que o bom chocolate não pode ser somente negócio, dinheiro, números: "Sem amor, é impossível prosperar nesse ramo".

O CHOCOLATE BRASILEIRO NO EXTERIOR

Logo que colheu e beneficiou o primeiro cacau das fazendas desde sua retomada, Diego pegou um punhado de amêndoas, pôs numa mochila e foi para o Salon du Chocolat, em Paris. Seu objetivo era apresentar o cacau Badaró aos grandes nomes da *chocolaterie* francesa. Fazer contatos, colher informações, mostrar a cara. Diego voltou com bem mais que isso na mochila: iniciou ali relações de amizade e mútua admiração com os organizadores e alguns chocolateiros. Ele conta:

> Eu fui um dos primeiros a chegar ao salão. Estava ansioso para conversar com os chocolateiros artesãos do mundo inteiro, para mostrar a eles os grãos de minhas fazendas, para falar da história que eu iniciara em Ilhéus. Logo de cara conheci François Pralus, o *chocolatier* francês, profundo conhecedor do cacau, que abastecia vários restaurantes estrelados na Europa e que tinha uma ligação com o Brasil por ser de Roanne, a mesma cidade de Claude Troigros. Amigos de adolescência, Pralus e Claude haviam, inclusive, morado por 2 anos no Brasil, no início dos anos 1980.

Ele se encantou imediatamente com os meus grãos de cacau. Conversamos mais sobre o Brasil, eu falei da minha militância em Ilhéus, da luta para plantar um cacau de maior qualidade, do meu desejo de produzir um chocolate *premium*. Pralus ficou tão entusiasmado que decidiu vir ao Brasil conhecer as minhas fazendas – tempos depois ele já estava usando as minhas amêndoas para fazer chocolate. Iniciamos uma parceria. Produzimos, lá fora, a primeira barra de chocolate com o meu cacau, com o nome de "Diego Badaró". Foi fantástico provar um chocolate feito a partir dos meus grãos, mas eu sabia que teria um longo caminho a percorrer até começar a produzir o meu próprio chocolate em maior escala – e no meu país.

Eu e Diego, no começo dessa nossa empreitada que resultou na criação da AMMA, demos um mergulho por todos os lugares do planeta onde sabíamos que havia algo sendo feito com o chocolate. Era o começo do mercado dos bons chocolates artesanais, dos chocolates assinados, buscando origem e qualidade do cacau. Sabíamos que estávamos fazendo o melhor cacau nas melhores terras, com a maior biodiversidade por metro quadrado do planeta, e queríamos fazer o nosso chocolate exclusivamente com o cacau brasileiro, tanto o de nossas fazendas quanto o de parceiros daqui que estivessem desenvolvendo um excelente trabalho de plantio, fermentação e secagem. Essa busca pelo melhor cacau, além do nosso, nos proporcionou grandes amizades e parcerias.

Foi nesse momento que os nossos caminhos se cruzaram com o de Frederick Schilling.

Naquela época, Frederick tinha criado, nos Estados Unidos, a Dagoba[5] – maior marca de chocolate orgânico do país. Em 2006, Diego deixou uma amostra do cacau que vinha produzindo no sul da Bahia no estande da Dagoba, no Salão do Chocolate em Nova York. Frederick ficou muito impressionado com a qualidade das amêndoas e logo entrou em contato com Diego. Apenas dois meses depois, uma sociedade havia se formado entre nós para a criação de uma nova fábrica de chocolates.

Sobre esse período, Frederick conta:

> A oportunidade era não só de criar um produto para o varejo no Brasil e fora dele, mas também de entrar no Brasil e expandir a causa do que eu vinha fazendo desde a Dagoba, ou seja: usar o cacau como um veículo para a preservação ambiental e o reflorestamento. Era uma oportunidade de usar essa árvore, que é um lindo patrimônio genético e histórico ligado à floresta; também um patrimônio cultural, ligado a lendas das Américas Central e do Sul. Usar o cacau como um método para a preservação da Mata Atlântica. E como um veículo de mudança, de educação, para que as pessoas percebam a importância da floresta. Por tudo isso eu fui até lá, e começamos a conversar sobre o que gostaríamos de fazer.

---

[5] Em 2006 a marca Dagoba foi vendida para a Hershey's.

Dessa trajetória surgiu a empresa AMMA, nomeada dessa forma por vários motivos, como contam, respectivamente, Diego e Frederick:

Diego: Fizemos uma reunião para pensar em um nome e surgiu, depois de muita conversa e por inspiração de Frederick, o nome AMMA, "a mãe natureza", e que tinha uma série de outros significados, todos afinados com o nosso discurso e a nossa história. Luiza observou que AMMA é um palíndromo: lido de frente pra trás, de trás pra frente, AMMA nos remete aos ciclos das safras, das estações, aos movimentos que não têm começo nem fim, dos círculos e espirais. E que em AMMA também cabiam as iniciais de nossas maiores florestas: Amazônia, Mata Atlântica.

Frederick: É uma palavra muito bonita, muito forte. Simbolicamente representa o feminino em muitas línguas, e para mim a floresta é muito feminina, e o chocolate também. Então eu achei que seria um bom nome.

Sobre o início dessa produção na AMMA e sobre o retorno do cacau e do chocolate brasileiro ao cenário internacional, Diego conta:

As primeiras máquinas começaram a chegar, importadas da Europa, além das que desenvolvemos aqui no Brasil, especialmente para a nossa torra, aos moldes das de café, buscando um controle fino de temperaturas. Começamos a operar em junho de 2009. No dia 3 de dezembro produzimos a nossa primeira barra de chocolate, com 75% cacau. Saiu maravilhosa. Criamos as barras de 75%, 60% e 45%. Era uma equipe super reduzida: eu, Luiza, minha mãe, Frederick, Hugo (sobrinho de Luiza) e mais três funcionários. Todo mundo fazia um pouco de tudo. E quando o trabalho apertava, o jeito era chamar os amigos, principalmente na hora de embalar os chocolates – um trabalho artesanal, de formiguinha, que parecia que não ia acabar nunca. Em março de 2010, começamos a vender os chocolates AMMA para três pontos em São Paulo. O melhor de toda a história é que quanto mais aumentávamos a nossa produção, mais cacau era plantado e mais florestas recuperadas, e assim investimos na recuperação de árvores antigas e em mudas de cacau. Existem culturas em que a produção está associada ao desmatamento, mas com o cacau ocorre exatamente o contrário: o seu plantio está intimamente ligado à preservação da Mata Atlântica. Temos árvores de cacau da espécie Pará, Parazinho, com 200 anos de idade e dando ótimos frutos!
Começamos também a exportar para os Estados Unidos, depois para a Coreia do Sul, Austrália, França, Holanda, Bélgica, Japão, China, Kuwait, Escandinávia. Hoje, exportamos para quase vinte países.[6]

---

[6] Desde sua criação em 2010, o chocolate AMMA vem se destacando e recebendo prêmios nacionais e internacionais, como o "Produto do ano", do jornal *O Estado de S. Paulo* (2010), o "Melhores do Ano: Artesão da Gastronomia", da revista *Prazeres da Mesa* (2011) e as medalhas de ouro na categoria "Growing Country" e de prata na categoria "Chocolate ao Leite" do International Chocolate Awards (2012). Além disso, a imprensa também tem se interessado pelo trabalho

Na AMMA, temos o que quase nenhuma empresa no mundo tem: fazemos o nosso chocolate a partir de nossas plantações e dos nossos grãos de cacau. A maioria das empresas de chocolate compra a matéria-prima das multinacionais processadoras de massa de cacau. Aqui no Brasil, também é usual que empresas que produzem chocolate comprem dessas indústrias que processam aqui no sul da Bahia e mandam essa massa para o hemisfério norte, onde ela é misturada a leite, açúcar e conservantes, e volta como chocolate importado, como se só esse fato conferisse qualidade ao produto. Mas se a massa de cacau (ou líquor) é de péssima qualidade, feita com amêndoas mal fermentadas, ou utilizando trabalho escravo, trabalho infantil (caso de algumas plantações na África),[7] não há qualidade nem nas amêndoas nem no plano social.

O mundo está desmatando cada vez mais. Os grandes produtores querem resultados mais rápidos e não se interessam por culturas manuais como as da produção do cacau.

O cacau tem sido uma matéria-prima em constante desvalorização. O mercado ignora o enorme potencial que seria transformar a Bahia num polo mundial do chocolate, como os polos de produção de vinho. Temos todas as condições climáticas e econômicas para isso. Precisamos resolver questões como a falta de mão de obra e fazer com que o cacau não seja visto como mais uma *commodity*.

Estamos contribuindo, junto a outras empresas, para mudar esse cenário. Buscamos criar uma identidade, uma nova cultura. Hoje, existe o chocolate europeu, o chocolate americano e o nosso, o "tropical style".

Nossa entrada – ainda com as amêndoas – no mercado internacional resultou num olhar novo para o cacau brasileiro. Estávamos – e estamos – fazendo um cacau de primeira linha. Esse fato foi devidamente registrado, tanto por chocolateiros de alto padrão quanto por estudiosos dos centros de pesquisa. E os cacauicultores que vinham fazendo um trabalho de excelência no Brasil puderam entrar no mercado internacional de chocolates finos.

Frederick Schilling diz que, hoje em dia, quando um cacauicultor brasileiro se aproxima de um chocolateiro, ele não é mais visto com desdém. Produzir cacau na Bahia tornou-se um cartão de visitas respeitável e digno de interesse.

O fato de ter levado nossas amêndoas direto ao Salon du Chocolat, maior evento de chocolate do mundo, onde os melhores chocolateiros se encontram, não só foi decisivo para a divulgação do cacau produzido pelas fazendas da família Badaró, como também chamou atenção para toda a região brasileira produtora de cacau e, consequentemente, para os produtores.

---

de Diego e da AMMA: em 2007, o jornalista e escritor Bill Buford publicou o artigo "Extreme Chocolate: the quest for the perfect bean" na revista *The New Yorker*, e em 2010 a história da empresa ocupou algumas páginas do livro *Chocolate Unwrapped: Taste & Enjoy the World's Finest Chocolate*, da escritora inglesa Sarah Jane Evans.

[7] Como é visto no documentário *The Dark Side of Chocolate*.

Em 2012, como reflexo desse novo cenário, Diego trouxe o internacional Salon du Chocolat para Salvador e realizou aqui o debate sobre o futuro do mercado de cacau e do chocolate em todo o mundo.

O SALON DU CHOCOLAT BAHIA 2012

Para a organização desse grande evento, Diego e Luiza contaram com a ajuda de Mariana Marshall, alguém que, mesmo antes de iniciar seu trabalho na empresa, se interessou pela "história bonita e cheia de sentido" construída pela AMMA e pelos ideais defendidos por ela.

Ela conta, em seu depoimento, sobre essa experiência:

Li a respeito da AMMA assim que saíram as primeiras notas sobre a empresa na imprensa brasileira. Eu tinha acabado de me formar em direito, e no meu trabalho de conclusão de curso escrevi sobre indicações geográficas, sustentando que produtos gastronômicos provenientes de países em desenvolvimento deveriam obter proteção igual àquela gozada pelos itens emblemáticos da gastronomia europeia, como *champagne*, *parmigiano reggiano*, *jamón* pata negra, entre tantos outros. As fontes eram escassas, então precisei realmente me dedicar à pesquisa. Quando dei por mim, estava totalmente xiita, defendendo até em mesa de bar a ideia de que os países emergentes – especialmente o Brasil, claro – têm biodiversidade e conhecimentos tradicionais que geram iguarias especialíssimas, e que não há razão para esses produtos e as pessoas que os manufaturam não merecerem proteção rígida da OMC. Lia tudo que encontrasse sobre as raízes históricas e geográficas de alimentos-símbolo de culturas gastronômicas notórias. Identificava elementos sempre presentes na criação desses verdadeiros bens culturais: conhecimento e orgulho profundos por parte dos povos sobre suas terras, valores e costumes; concentração de cadeias de produção em múltiplas empresas – via de regra, familiares – que controlavam desde a matéria-prima até o produto final, fiscalizadas por um órgão objetivamente comprometido com rígidos critérios de qualidade e procedimento; e por fim, *marketing* poderoso.

Comecei a observar que o normal, em países emergentes – e de novo, nomeadamente o Brasil –, era exatamente o oposto: produzir *commodity* para exportação e importar o produto acabado. Dominar conhecimentos sobre frutas, pratos, vinhos e queijos estrangeiros e desconhecer ou desprezar por completo variedades e conhecimentos tradicionais da nossa terra.

Depois de formada, fui para Londres e depois para a Itália estudar gastronomia, e foi na Europa que fiquei sabendo de um baiano cabeludo que tinha acabado de pôr no mercado um chocolate produzido em Salvador, a partir de cacau cultivado no sul da Bahia por ele mesmo, e que os tabletes eram de uma

qualidade impressionante, não só para os padrões brasileiros, mas também em comparação com os suíços, franceses, belgas, americanos. Lembro-me de ter achado incrível a coincidência de um cara na Bahia estar trilhando uma história cheia de elementos – práticos – em comum com meu trabalho – teórico – de conclusão em direito, feito lá em Porto Alegre. (...)
Quando li a matéria de 12 páginas que havia sido publicada em 2007 na revista The New Yorker ("Extreme Chocolate") sobre Diego Badaró, Frederick Schilling e o início dessa trajetória épica pelo renascimento do cacau brasileiro, pensei que, por melhor que o jornalista Bill Buford escrevesse, ele não poderia ter inventado todos aqueles detalhes fascinantes e inusitados sobre a dupla. A história de cada um até se encontrarem, a forma como se conheceram, o convite de Diego e Luiza a Frederick de montarem juntos uma fábrica de chocolate e o caminho que vinham percorrendo para concretizá-la. Era tudo muito singular. Pensei: preciso trabalhar para esses malucos.
Algum tempo depois, eu e meu marido chegávamos à Bahia – eu havia conseguido um estágio na AMMA. (...) Diego falava pouco, e eu não sabia se ele era calado mesmo ou se não tinha ido com a minha cara. Kátia, sua mãe, logo vi, era uma força da natureza, capaz de aliar fogo nas ventas a uma ternura infinita. Me deu umas caronas em que me contou muita história sobre a família Badaró, o cacau baiano e os santos da Bahia. Eu sentia como se fossem se abrindo, bem devagarzinho, janelas pelas quais eu conseguia ver um pouco, ainda bem pouco, daquele mundo.
Quando meu estágio terminou, Diego e Luiza juntos me disseram que queriam que eu ficasse e os ajudasse a transformar o sonho do Salon du Chocolat Bahia em realidade. Sim, aquele megaevento agendado para dali a quatro meses, para o qual nada ainda havia sido feito.
A ideia vislumbrada por Diego e Luiza era linda. Não tinha como não se entusiasmar. Daria um trabalho imenso, como deu. Coordenar um evento dessa magnitude, cuidar de cada detalhe, desde a agenda dos convidados até a montagem dos estandes; driblar as barreiras políticas, logísticas e de infraestrutura, deslocar convidados dos quatro cantos do mundo a Salvador, depois ao sul da Bahia, depois novamente a Salvador, e depois de volta às suas cidades de origem; conceber materiais de divulgação, de sinalização, press kits, fazer contas, gerir equipes, receber 45 mil pessoas em um Centro de Convenções que já teve dias melhores...
Quando paro para pensar em tudo o que foi feito e nas limitações de tempo, mão de obra e preparo que enfrentamos, ainda fico incrédula. (...)
Ao final, o aparente delírio virou realidade, e à medida que os convidados desembarcavam em Salvador, vindos de muitos cantos do mundo, eu nem acreditava que aquilo estava mesmo acontecendo. Foi lindo,

passou voando e valeu todo o esforço que nos custou.

O Salon du Chocolat é uma marca forte no mundo da chocolataria. Criado pelo casal parisiense Sylvie Douce e François Jeantet, há vinte anos celebra o alimento dos deuses em um número crescente de edições nos mais variados pontos do planeta. (Sempre no assim chamado "mundo desenvolvido", onde está o mercado consumidor disposto a pagar pequenas fortunas por uma caixa de bombons...) No centro de tudo está o glamour dos *chocolatiers superstars*, com suas criações que mais parecem joias, seus estandes quase tão luxuosos quanto suas lojas em Tóquio e Paris, seus dólmãs (jalecos de *chefs*) brancos imaculados.

Pela forma como chegou a Paris, pelo sonho que o levou até lá, pelo trabalho desenvolvido até então com vistas ao renascimento do cacau baiano, e por tudo o que veio a acontecer dali para a frente com o lançamento do primeiro chocolate da AMMA em 2010, Diego passou a ser o representante oficial do Salon du Chocolat no Brasil, detendo a exclusividade sobre a realização do evento no país.

A oportunidade de fazer o Salon pela primeira vez em um país produtor de cacau era imperdível: ao longo da história do Salon du Chocolat, as estrelas sempre foram os chocolateiros. Era chegado o momento de mostrar ao mundo que o real valor dessa cadeia produtiva está na matéria-prima, na origem do cacau.

Por isso, o Salon da Bahia precisava ter uma visita técnica que levasse *chocolatiers* e imprensa para o meio da Mata Atlântica, no sul do estado, para conhecerem as plantações de cacau à sombra da floresta e lá travarem contato com as comunidades que vivem da produção cacaueira, e assim entenderem a importância de se pagar um prêmio sobre o valor do cacau que preserva, que refloresta, que gera condições de vida digna aos trabalhadores e que, sim, tem qualidades sensoriais únicas e irrepreensíveis.

O Salon da Bahia precisava também de um momento de discussão, de uma conferência que abordasse os aspectos socioambientais, econômicos e políticos envolvidos na cadeia produtiva do chocolate. Deveria ser um evento com força política e engajamento, um marco na cacauicultura brasileira. E, claro, não poderia deixar de ser um evento festivo, alegre, colorido, com música, arte e performance, com muito chocolate e muita gente – estamos falando da Bahia, afinal de contas.

Todas as ideias se tornaram realidade e, por fim, o Salon du Chocolat Bahia 2012 foi um sucesso de público, uma festa memorável e uma montanha-russa de emoções.

BRASILEIROS FAZENDO CHOCOLATE: O LADO HUMANO

O dinamarquês Søren Sylvest, diretor da Chokolade Compagniet, aprecia a oportunidade de vir ao Brasil não só em eventos como o Salon du Chocolat, mas também em outras situações, principalmente para ver de

perto os processos de cultivo do cacau. Ele conta:

> Para mim, mais do que o renascimento do cacau, a experiência com a AMMA foi uma mudança de paradigma. Foi passar a ver o cacau como uma fruta, mudar a percepção sobre ele. (...) O fato de ser orgânico, que eu só vim a saber quando já me encontrava na Bahia, completou uma mensagem muito clara e coerente de qualidade ligada ao respeito à natureza.
> O fato de Diego poder trabalhar a fermentação pessoalmente nas fazendas, produzindo um chocolate *tree-to-bar*, é uma vantagem enorme em relação às marcas *bean-to-bar*.[8] Isso gera impacto, porque ultimamente as pessoas estão tão interessadas nos detalhes e na história por trás dos produtos, que saber disso faz toda a diferença.

Søren também reconhece a importância de oferecer essa experiência a outras pessoas: desde 2013, pequenos grupos de clientes atendidos por sua empresa vêm à Bahia para conhecer as plantações de cacau na região sul e a fábrica da AMMA em Salvador – uma experiência única, lúdica e educativa, que garante a disseminação da mensagem do sabor e do saber da floresta brasileira junto ao público escandinavo. A esse respeito, Søren continua:

> A cada vez que eu vou à Bahia, faço questão de trazer minha força de vendas, porque estar na Bahia transforma as pessoas. Você deixa de se importar com o tempo, você relaxa, e eu quero transmitir isso a todos os meus clientes. Todos adoram conhecer as plantações, e levar clientes revendedores para esse ambiente significa ter embaixadores educados que levam a consciência da cadeia completa a seus próprios clientes. Não apenas sobre a AMMA, mas sobre a cacauicultura como um todo, isso é muito especial para eles, que trabalham com chocolate. Eles voltam para mim dizendo "aquela continua sendo uma das melhores viagens da minha vida". Porque é uma oportunidade tão única. Não é algo que eles conseguiriam fazer como turistas: caminhar em meio à floresta de cacau.
> As fazendas Camboa e Monte Alegre trazem uma mensagem muito forte. E o que mais me agrada é a espontaneidade, porque não parece algo corporativo, todos sentimos como um instinto natural de hospitalidade muito característico da Bahia. Deixa claro que a AMMA deseja estar próxima às pessoas que trabalham com seus produtos, é muito humano. Ao mesmo tempo, depois que conheci Mariana, que conheci Diego e todas as pessoas que trabalham na fábrica, esse fator humano acabou sendo importante também.

Assim como Søren, Mariana Marshall comenta sobre a abordagem humanizada da empresa AMMA e de seus criadores, e sobre a preocupação com a qualidade, que começa no trato ao ser humano

---
[8] Chocolateiros que produzem chocolate a partir das amêndoas, e não derretendo chocolate de outros manufatureiros.

e à natureza, e passa por todo o processo de produção do chocolate:

> Aqui não há fórmulas prontas, jargão corporativo, departamentos isolados. Não tem essa história de hipertrofiar um lado do cérebro atrofiando o lado oposto. A AMMA é colorida, curiosa, inusitada. Desafia meus neurônios e meus sentidos todos os dias.
>
> Luiza tem uma generosidade rara: compartilha de bom grado o universo rico em arte, beleza e referências estéticas e filosóficas que ela habita, traduzindo os signos que norteiam a AMMA desde a sua criação para aplicação em todas as áreas da empresa. Faz isso em aulas e exposições sofisticadas, em que amplia os horizontes de quem ouve, em vez de simplesmente dar ordens, como poderia fazer. Graças à Luiza, nosso jargão anticorporativo não significa uma deficiência de sistematização, pelo contrário: existe nos pilares fundamentais da AMMA uma lógica muito mais racional e humanista do que os gráficos, tabelas e manuais que ordenam as corporações comuns.
>
> Diego segue uma linha de raciocínio muito particular, muito dele. Nas sessões de análise sensorial, ele nunca diz que o chocolate tem gosto de uma fruta, cheiro de uma flor. Ele associa aquele pedacinho de cacau com açúcar a sensações complexas, como flanar sobre um campo de trigo em uma nuvem de jasmim num dia de sol morno e brisa leve. No meio de uma reunião, ele é capaz de acender um incenso de pau-santo e sair fumegando o escritório e as pessoas uma a uma.
>
> Kátia Badaró, por sua vez, é a força motriz da AMMA: a pessoa que está lá todos os dias; que sabe da peça que quebrou no descascador e do problema que uma funcionária está enfrentando na família; que cozinha com alegria verdadeiros banquetes para os almoços de aniversário e Natal com a equipe completa; que ralha (e depois abraça) todo mundo lá dentro, do porteiro ao Diego; que tem inúmeros afilhados e que ajuda e ama todos.
>
> Na fábrica, o cenário é basicamente o seguinte: Kátia correndo para cima e para baixo, com suas ordens firmes e risadas altas, tocando a produção a todo vapor e a equipe, com seus personagens singulares – como Adilson, antigo servente de obra, dono de tamanha sensibilidade que se tornou o olfato e paladar de Diego quando o próprio não pode estar presente. Neide, a gerente de estoque, um dia está um azedume, no outro vem para a gente toda querida, chamando de "binha" e rindo – quase – fácil. A gaiatice de Renata, a cantoria de Mira, as risadas esganiçadas de Urânia. No escritório, Vivi com seus oito braços, cuidando de mil coisas ao mesmo tempo e sempre com um bom humor inabalável. Dá abraço de urso em todo mundo que chega, atende telefone com um "Bom dia!" que faz a gente achar que só pode mesmo ser um dia excelente, e faz graça com a cara de todos nós, especialmente a da Ingrid, nossa loira fina, ácida e por vezes taciturna.

A empresa está crescendo, mas a energia segue a mesma. Daqui vejo mais de perto o rumo que essa história está tomando e os impactos que ela já gera no mercado. Dia desses, em um almoço profissional, o representante da recém-lançada área de chocolates *premium* de uma entidade representativa da indústria chocolateira disse algo que me intrigou: *premium* no Brasil é o chocolate que está inserido em uma determinada faixa de preço, e pronto. Pode ser porque a embalagem é chiquérrima, pode ser porque um *chef* famoso assina a linha, não importa. "Isso de atrelar o critério à qualidade é muito subjetivo, então melhor primar pela objetividade do critério financeiro, não é mesmo?", propôs ele. Me vieram em flashback todas as etapas do cuidadoso processo de produção do chocolate AMMA, todos os detalhes cruciais em cada fase do processo para criar um chocolate superior, todas as implicações socioambientais, e também todo o trabalho já conduzido em outras partes do mundo para sistematizar de maneira objetiva a utilização de certos termos com vistas à agregação de valor a produtos gastronômicos. Não tive como concordar com o senhor que me dizia aquela barbaridade e fui obrigada a mudar de assunto. Fiquei matutando sozinha sobre como a estrada à nossa frente é longa e cheia de desafios. Que bom. Se fosse simples e fácil, certamente não teria a menor graça para qualquer um dos envolvidos. ■

3. CHOCOLATE

THE VALUES OF CHOCOLATE ARE PLEASURE, SHARING AND FRIENDSHIP AMONG PEOPLE FROM ALL CONTINENTS. ALL OF THAT IS REPRESENTED BY CHOCOLATE.
(SYLVIE DOUCE)

GOOD CHOCOLATE CANNOT BE JUST A BUSINESS, MONEY, FIGURES. WITHOUT LOVE, IT IS IMPOSSIBLE TO PROSPER IN THIS FIELD.
(FRANÇOIS JEANTET)

The beverage that originated chocolate derived from cacao, and after being discovered by the Spaniards and taken to the European courts, it became the drink of drinks: aphrodisiac, exciting, consumed by ladies, queens and duchesses, who considered it as provoking as champagne. Nowadays, our scientific knowledge has boiled that down to a formula: Chocolate is a functional food that acts on the production of serotonin, a chemical component in the neurotransmitters' chain, responsible for pleasure, optimism, joy and high spirits. It fights free radicals, lowers cholesterol levels, among many other benefits...[1]

But that didn't stop European researchers, at a certain point during the classification research, as encyclopedias would have it, from christening the tree with a poetic Latin name: *Theobroma cacau*. Translation: the fruit of gods.

100% CACAO

This recipe with chocolate was published by Domingos Rodrigues in his book *Arte de Cozinha* (1680), considered the first cookbook ever published in Portuguese. It was delivered to me by Maria Zoladz, a researcher introduced by my friend Ayrton Bicudo, and it said:

---

[1] Several articles, in Brazil and abroad, mention chocolate's health benefits. Here are a few examples: "The benefits of chocolate". Available at http://www.anutricionista.com/os-%20beneficios-do-chocolate.html. Accessed on October 2015.
"Drinking Cocoa Boosts Cognition and Blood Flow in the Brain". Available at http://www.nutritionletter.tufts.edu/issues/9_11/current-articles/Drinking-Cocoa-Boosts-Cognition-and-Blood-Flow-in-the-Brain_1270-1.html. Accessed on October 2015.
"Cocoa 'might prevent memory decline'". Available at http://www.bbc.com/news/health-23607879. Accessed on October 2015.

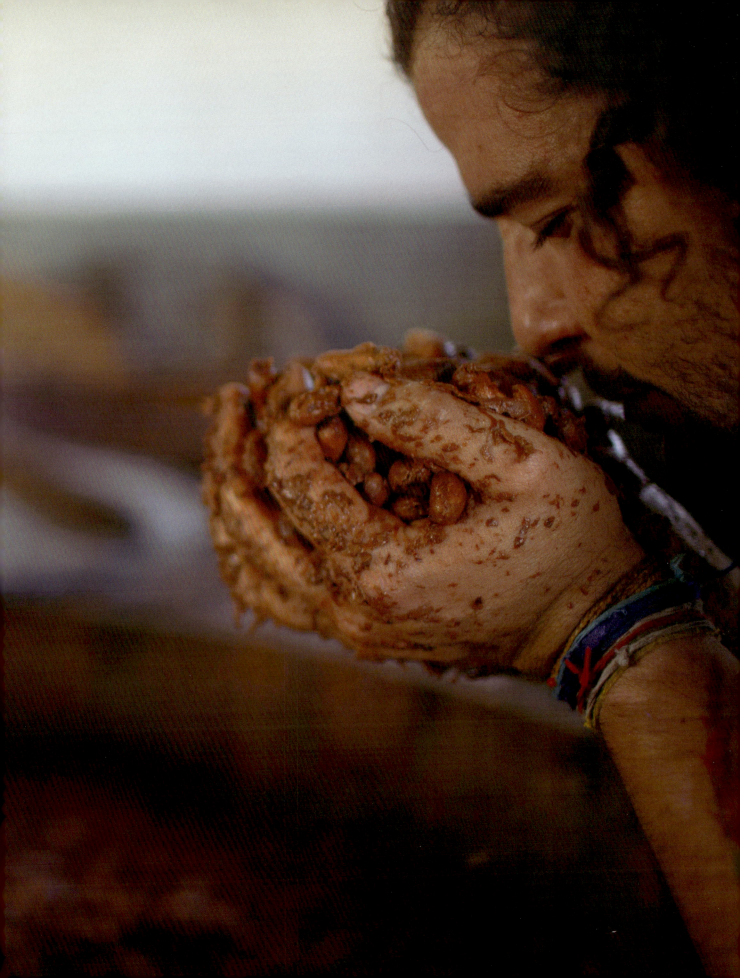

Roast five *arráteis*[2] of cacao. After it is roasted, clean it and remove its shell, pound it very well, mix it with three *arráteis* of rock sugar and three ounces of fine, sifted cinnamon. As soon as it is all very well mixed, grind it all on a stone, as one who grinds dyes, grind it a second and a third time and as soon as it becomes a mass, add eight heavy, sifted vanillas. Make the cakes into whatever shape is desired.

A long time ago, the Europeans, after they brought to Europe the fruit they found in Aztec and Mayan beverages, developed the habit of mixing several ingredients with the cocoa. Some of those ingredients were supposed to get the European taste buds used to that mass made out of cacao beans.

The cocoa mass is not sweet: it's strong, with an intense flavor of pure, wild elements of nature. Our 100% cacao chocolate is currently one of the most consumed for several reasons: because there are people who eliminated sugar from their diets, and there are others who look for the energy cocoa provides on account of its nutrients - theobromine, chromium, iron, magnesium, copper, manganese, vitamin C, omega-6 fatty acid, phenyletylamine, anandamide, zinc and tryptophans, etc...[3]

Cacao is one of the natural foods with the highest concentration of antioxidants on the planet.[4] Very sweet chocolate - with lots of sugar in its recipe - ends up not producing the same effects of a chocolate with a high cocoa concentration, for obvious reasons. Sugar has been the villain in our eating habits. And cocoa, the hero.

THE CHOCOLATE MARKETS AND THEIR IMPLICATIONS

Chocolate is a passion with no nation: it grows in a fantastic proportion as it presents itself and arrives at any area on this planet, however far away it may be. Even though the product's appreciation is unanimous, there is a well-defined difference in markets for chocolate.

One is the commodities' market, in which cacao, sold at prices fixed by the stock exchange, is supplied to big processing companies. In this case, the processed cocoa doesn't meet quality specifications for fermentation, drying and roasting. Usually, this cocoa is bought from several growers and mixed together, forming a liquor without the proper refinements.

The fine cocoa market, on the other hand, has controlled origins: although a certification granted by

---

[2] A measure equivalent to one pound or 459.5 grams.
[3] "Ten good reasons to eat chocolate". Available at http://mercadodocacau.com/noticia/24397/dez-bons-motivos-para-comer-chocolate.html. Accessed on October 2015.
[4] "Cacao is considered the food with the most antioxidants, says nutritionist." Available at http://g1.globo.com/minas-gerais/noticia/2012/03/cacau-e-considerado-o-alimento-com-mais-antioxidantes-diz-nutricionista.html. Accessed on May 2016.

specialized organs (such as is the case with wines) still doesn't exist, but the beans are selected, and all the steps in the process are performed with strictness and refinement, with quality in the plantation, processing and fermentation – all the components that influence the health and final flavor of the transformed fruit. Such quality begins, actually, with the human treatment, with work conditions, respect for those who work the land, plant, harvest and deliver the beans ready to be roasted and transformed into mass or liquor for the confection of chocolate.

Cacao, like many other cultivars, is still largely produced for big companies, being planted, picked and processed any old way, with only one concern: reaching a very low price per bushel. Cacao areas such as the Ivory Coast, in Africa, are run with slave and child labor, under the scorching sun. And currently, it's from there that comes the largest part of the cacao being processed by the biggest global companies. In the documentary *The Dark side of Chocolate*, Danish journalist Miki Mistrati portrays that sad reality: Chocolate made with slave child labor should taste like blood and shame.

French chocolatier Stéphane Bonnat commented, in his statement, that unfortunately most companies in the chocolate business are still following unethical practices that affect the community and the environment in cacao-producing countries. According to Bonnat,

Some of their practices fool both consumers and cacao producers. (...) Some companies, in order to help develop cacao-producing regions to meet the industry's needs, introduce modifications in endemic cacao, replacing it with high-yield hybrids, or they take cacao to areas where there wasn't any cacao before, or any know-how or a real cacao culture. That not only harms the environment, affecting biodiversity, but also leads producers to a price war, which is not sustainable. That kind of strategy isn't bringing any answers to the real needs of production. It creates more pain than gain, making endemic cacao cultivars disappear and affecting communities, which often choose to stop producing cacao altogether.
In other words, the proliferation of a false awareness and of unethical practices is creating a new colonization of the cacao-producing countries, concentrating resources that affect communities and natural environments. Unfortunately, only a few chocolatiers and consumers are truly aware of the social-environmental impact that big companies bring about, and of their real effort to conduct ethical practices in all the stages of their activity.

Traditional French Maison Bonnat has bars named after their Brazilian origins, such as Fazenda Luiza, Juliana, Libânio and Maranhon. Stéphane Bonnat talks about the labor ethic with Brazilian producers:

The Bonnat family has been working with Brazilian cacao for more than 100 years. Juliana and M. Libânio are very close to my heart, because they take part in ethic cacao production projects linked to the reduction of poverty in Brazil. Both associations behind those projects need incentive and help to do something that they love. I take the greatest pleasure in helping with that. Juliana, in particular, was like going back home, it was an effort to salvage cacao production in Brazil, after a decade of devastation because of the witches' broom plague, which scourged the south of Bahia in the 1990s. That project resulted in top-quality cacao being produced by a committed community of cacao producers.

The chocolate called Fazenda Luiza was a tribute to my friends Diego and Luiza, because they represent a young and surprising vision in the renovation of Brazilian cacao. (...) Diego is a great example of someone who loves nature and distinguishes himself in the production of cacao with an ethic vision, which protects the producers as well as the environment. Luiza is a fine example of creativity. She imprinted on Diego's love for cacao a creative vision, which enabled chocolate – coming from healthy natural environments – to arrive at a new market, which was hungry for quality and beauty.

ORIGIN CHOCOLATE

Cacao-producing countries are usually underdeveloped or emergent economies, which means that, as a rule, they only care about the production of raw materials. Most cacao growers are satisfied in selling their cacao raw, and experiences of "earth to bar" cacao transformation are rare.

Alfred Conesa alerts that these producers must see the need to go further, to manufacture chocolate, so that they can develop their cacao and benefit from the added value associated with that transformation – like producers in France have done, when they turned their grapes into wine.

In Europe, no one used to talk about the quality of cacao, for instance, like they always talk about the quality of grapes in relation to wine. Stéphane Bonnat tells us about his father's experience when that scenario started to change in the world of chocolate:

> I'm from the sixth generation of chocolatiers at Maison Bonnat. My family started making chocolate in 1884, and since then, every generation has inherited the knowledge and ethics of chocolate-making and added something personal to the family history.
> My father was a very peculiar and interesting man. He loved wines and took part in a group of wine tasters from our region. From that interest

came the idea that the different characteristics of cacao beans, such as type, location, *terroir* and even climate had the same importance for chocolate-making that grapes had for wine production. He thought it was a pity that such knowledge didn't reach the consumers, and decided to share with his clients what he thought was a fascinating vision about the world of chocolate.

When the first chocolate bars of origin were presented, my father was harshly criticized by other chocolatiers. Most people at the time believed that indicating the source of cacao beans would be something too complex for consumers to understand, and they said that my father's idea, origin chocolate, wouldn't last more than one season. Now, that idea of origin chocolate has become a global trend. But for me, it still is one of the pillars of the Bonnat tradition, a legacy from my father, and a reminder of the importance of the connection between my work and the work of producers worldwide who care about the cacao that we use to make chocolate.

This is what we always say: the same way there are nondescript wines, or even those we call jug wines in Brazil, done without refinement and with no specific care, there is also "jug chocolate", done with low-quality or poorly treated cacao. But, contrary to what happens in grape and wine culture, because fine origin cacao culture is not yet effectively known and consolidated, the street price of excellent chocolate isn't that different from an ordinary chocolate.

According to Sylvie Douce, founder of the Salon du Chocolat along with François Jeantet, the event has also had a very important role in bringing together cacao producers and chocolatiers:

> Twenty years ago, when we created the Salon du Chocolat, we were the first to ask cacao producers to participate in the event. In the first edition, we had producers coming from Africa, then South America, and we ended up generating this contact between farmers and chocolatiers.

Before the witches' broom, for a long time Brazil simply didn't work on its cacao communication. The focus seemed to be only coffee: the coffee industry traditionally communicates the beans' origin, informing in the package, for instance, "Arabica Coffee from Brazil"; the chocolate industry, on the other hand, never had the habit of informing the raw materials' origin.

Nowadays, all over the world, more and more chocolate manufacturers are mindful of cacao origin and getting involved in its production. The phenomenon goes both ways: cacao growers that start making chocolate and chocolatiers, little by little, that are becoming also cacao growers, such as Pralus, Bonnat and so many others, be it at farms of their own, be it through researching and bringing cacao directly from the source.

As Bonnat states,

> Cacao bean-to-bar and tree-to-bar are the new trends in the chocolate market. Those movements share the original vision of traditional chocolatiers to transform cacao into chocolate respecting its origins and paying attention to the source: cacao plantations. Both movements have become trends in the last few years as an answer to industrial chocolate and to the lack of access to high-quality chocolate in some parts of the world (...).

Here in Brazil, we already have examples of cacao producers who adopted the idea of producing their own chocolate. Diego Badaró was this movement's pioneer. According to him,

> We had to be present along the whole productive chain – from cacao tree to chocolate bar. That was the only way to generate income along all processing phases, and deliver to the people the exclusive flavor of our tradition of growing organic cacao.

Just like the chocolatiers, part of the public is also growing more aware about social and environmental questions. In France, for instance, consumers are becoming more and more sensitive to quality-related problems. Such concept integrates three parameters, which Alfred Conesa sums up with his "FSH rule":

- **F FOR FLAVOR:** organoleptic quality, aroma.
- **S FOR SOCIAL:** means refusing products that result from slave and child labor, and paying fair prices to producers in the farms (cacao growers).
- **H FOR HEALTH:** absence of harmful pesticides, respect for the environment, organic agriculture in the forests.

Still according to Conesa:

The rare cacao growers who transform cacao into chocolate are also exemplary because they practice an agriculture that respects the environment. They manufacture their own chocolate bars, and thus reveal a high level of culinary knowledge. Such is the case of Diego Badaró, as well as Claudio Corallo in São Tomé and Vicente Cacep in Comalcalco, Mexico. These pioneers, small in numbers, when they integrate all the links in the chocolate productive chain, ensure the product's traceability, its quality, and meet consumers' demands for products by small producers, at fair prices and promoting a socially durable development in the producing areas.

Similarly, Sylvie Douce and François Jeantet highlight the importance of cacao origin in their events, and one of their goals is exactly to increase the number of people who appreciate and understand the quality and the power of chocolate. François Jeantet comments:

I don't know for sure whether the public is becoming more aware in relation to social-environmental issues, but from what I observe, I'd say yes. We work a lot in that direction. We talk about that at our events, reunited with participants from all over the world, because we want to make some noise with this message: quality, origin, soil, everything about cacao. We've got a lot of work before us to teach the whole world about the power of cacao. (...) There are people who like good things, who enjoy life, and they appreciate the aromatic changes in the cacao from different harvests. Because cacao is natural, it changes according to the climate and it depends on the work men put into it. I believe we should invest in the reputations of artisans, make them more important, to show that the variations are natural. There's another kind of people who are receptive only to industrialized foods, because they are absolutely devoid of any sense of taste.

João Tavares, fine cacao producer, two-time winner at the Salon du Chocolat de Paris as the best cacao among all the origins, believes that chocolate is above all a food

that belongs in the affective memory, which comes from childhood. According to him, chocolate made without love still predominates, often made even with blood; and to change that, we need to educate, because those who can make the connection between a chocolate bar and a cacao pod are still too few.

He has this to say about his origins:

> My story with cacao begins with my Portuguese family, who came to Brazil in 1917. My immigrant grandfather used to work at cacao farms, his cousin Humberto Fernandes already had a property, worked with him, then he set up a dry-goods store, used to sell linen, that sorta thing, until he managed to buy his first farm. He was able to get an education for my father in Salvador; my father graduated as a civil engineer, made a career for himself as a contractor, but always kept one foot here. Everything he earned, he invested in his farms. His production reached almost 1,000 tons, and before he died, post-witches' broom crisis, it went as low as 60 tons. Everyone lived off cacao in the family. My mother's family also had cacao. My maternal great-grandfather was a doctor with a Sorbonne degree, a wealthy man, and he transferred it all to cacao.

Today, João produces fine cacao for excellent chocolatiers and has in Diego a great friend and partner. Both are committed to the history and the development of quality cacao growing in Brazil. In his statement, João praises the awareness work done by Diego, and comments on the growth of the market in Brazil:

> I'm gonna buy soft cacao to supply my clients, because the thing is growing exponentially, and I can't fulfil all the orders, they're too many. One month ago, I turned down an order for the first time, which for me is like a stab in the chest, when my crop was sold out. Because on the other hand, I don't want to get into this market to dispute it with the producers, I want to pay a price that will leave them satisfied, because in this market there is a lotta love, so if the guy feels

he's not getting a fair price for his commitment, he won't do business. The idea of beginning to buy soft cacao, paying a fair price, to preserve the chain, is a medium to long-term project.
That increase in demand comes mainly from Brazilian companies. Here, the market is growing a lot. I can see by Diego himself that demand has increased a lot. And the trend right now is to increase, thanks to the work Diego is doing so well, which is to educate, as it happened with coffee.

François Jeantet's statement ensures the idea that good chocolate cannot be just a business, money, figures: "Without love, it is impossible to prosper in this field".

BRAZILIAN CHOCOLATE ABROAD

As soon as he picked and processed the first cacao at his farms, after he reclaimed them, Diego grabbed a fistful of beans, put them in a duffel bag and went to the Salon du Chocolat, in Paris. His goal was to present the Badaró cacao to the great names of French *chocolaterie*. To make contacts, gather information, show his face. Diego came back carrying much more than that in his duffel bag: there, he made bonds based on friendship and mutual admiration with the organizers and some of the chocolatiers. He tells:

I was one of the first to arrive at the Salon. I was eager to talk to chocolatiers from all over the world, to show them beans grown at my farms, to tell the story I'd started in Ilhéus. Right off the bat I met François Pralus, the French chocolatier, a deep connoisseur of cacao, who sold to several of the top restaurants in Europe and had a connection to Brazil because he was from Roanne, like Claude Troigros – they used to be friends in their teens, Pralus had even lived for two years in Brazil, sharing rooms with Claude, in the beginning of the Eighties. He was immediately charmed by my cacao beans. We talked more about Brazil, I told him about my commitment in Ilhéus, my struggle to plant cacao with higher quality, my wish to produce premium chocolate. Pralus was so excited he decided to go to Brazil to visit my farms – sometime later, he was already using my beans to make chocolate. We set up a partnership. We produced abroad the first chocolate bar with my cacao, named "Diego Badaró". It was fantastic to be able to taste chocolate made with my beans, but I knew I had a long way to go until I could produce my own chocolate in larger scale – and in my own country.

Diego and I, in the beginning of this endeavor of ours which resulted in the creation of AMMA, would go anywhere on the planet where we knew something was being done with chocolate. It was the beginning of the market for good gourmet chocolate, designer chocolate, of the demand for origin and quality in cacao. We knew we were producing the best cacao on the best land, with the largest biodiversity per square meter on the planet, and we wanted to make our chocolate exclusively with Brazilian cacao, from our farms as well as from any local partners who were doing excellent work with the plantation, fermentation and drying. That quest for the best cacao on a level with ours brought us great friends and partners.

It was then that our path crossed that of Frederick Schilling.

Back then, Frederick had created, in the United States, Dagoba[5] – the largest organic chocolate brand in the country. In 2006, Diego left a sample of the cacao he was producing in the south of Bahia at the Dagoba stand in the Chocolate Salon of New York. Frederick was very impressed with the beans' quality and soon made contact with Diego. Barely two months later, we struck a partnership for the creation of a new chocolate factory.

About that period, Frederick tells:

> The opportunity was not only of creating a product for retail in Brazil and abroad, but also getting inside Brazil and expanding the cause of what I'd been doing since Dagoba, meaning: to use cacao as a vehicle for environmental conservation and reforestation. It was an opportunity to use that tree, which is a beautiful genetic and historical treasure related to the forest; and also cultural, associated with Central and South American legends. Using cacao as a method to preserve the Atlantic Forest. And as a vehicle of change, of education, so that people realize the importance of the forest. Because of all that, I went there, and we started talking about what we'd like to do.

From that trajectory came the AMMA company, named this way for several reasons, as told, respectively, by Diego and Frederick:

> We had a meeting to think of a name and then came, after much talk and by Frederick's inspiration, the name AMMA, "mother nature", which had many other meanings, all of them attuned to our philosophy and our history. Luiza pointed out that AMMA is a palindrome: it reads the same forward and backwards. AMMA reminds us of the crops' cycles, of seasons, of movements without beginning or end, of circles and spirals. And within AMMA the initials of our largest forests also fit: Amazônia, Mata Atlântica (Atlantic Forest).
> It is a very beautiful, very strong word. Symbolically, it represents the feminine in several languages, and to me, the forest is very feminine, and chocolate too. So I thought it would be a good name.

About the beginning of that production at AMMA and the comeback of Brazilian cacao and chocolate on the international scene, Diego tells:

---
[5] In 2006, the Dagoba brand was sold to Hershey's.

The first machines began to arrive, imported from Europe, in addition to those we developed here in Brazil especially to do our roasting, after coffee roasters, seeking a finer temperature control. We started operations in June 2009. On December 3rd, we produced our first cacao bar, with 75% cocoa. It came out wonderful. We created bars with 75%, 60% and 45% cocoa with an extremely reduced staff: me, Luiza, my mother, Frederick, Hugo (Luiza's nephew) and another 3 employees. Everyone did a bit of everything. And when push came to shove, the solution was to call in our friends, especially when we had to package the bars, an artistic and slow work, which seemed to be endless.

In March, 2010, we began selling AMMA chocolate at three outlets in São Paulo. The best part was that the more we increased our production, more cacao was planted and more forests were recovered, so we started investing in the recovery of ancient trees and cacao saplings. There are types of crops that are linked to deforestation, but with cacao, it's exactly the opposite: its cultivation is intimately linked to Atlantic Forest preservation. We have trees of the Pará, Parazinho variety that are more than 200 years old and giving great fruit!

We also began exporting to the US, then to South Korea, Australia, France, the Netherlands, Belgium, Japan, China, Kuwait, Scandinavia. Today, we export to nearly twenty countries.[6]

At AMMA, we have what almost no company in the world has: we make our chocolate from our own plantations and our own cacao seeds. Most chocolate companies buy raw material from global cacao mass processing plants. Here in Brazil, it is also usual for chocolate-producing companies to buy from such manufacturers, which process this mass here in the south of Bahia and send it to the Northern Hemisphere, where it is mixed with milk, sugar and preservatives, and sent back as imported chocolate, as if this fact alone could give quality to the product. But if the cacao mass (or liquor) has the worst quality, if it's made from badly fermented beans or using slave or child labor (as is the case in some African plantations),[7] there is no quality in the beans, or on a social level.

The world is deforesting more and more. Big producers want quicker results and don't care about manual crops such as cacao production.

---

[6] Since its creation in 2010, AMMA chocolate has been getting attention and receiving national and international awards, such as "Product of the Year" from newspaper *O Estado de S. Paulo* (2010), "Best of the Year: Artisan in Gastronomy", from *Prazeres da Mesa* magazine (2011) and the gold medal in the category "Growing Country" and silver medal in the category "Milk Chocolate" at the International Chocolate Awards (2012). Besides, the press has also become interested in Diego and AMMA's work: in 2007, journalist Bill Buford published the article "Extreme Chocolate: The Quest for the Perfect Bean" in *The New Yorker* magazine, and in 2010 the story of the company occupied a few pages of the book *Chocolate Unwrapped: Taste & Enjoy the World's Finest Chocolate*, by English author Sarah Jane Evans.

[7] As shown in the documentary *The Dark Side of Chocolate*.

Cacao has been a raw material with a constant drop in value. The market ignores the enormous potential that could turn Bahia into a global chocolate pool, like the wine production pools. We have all the climactic and economic conditions to do so. We need to solve issues, such as the lack of workforce, and to make cacao not be seen as a commodity anymore.

We're contributing, along with other companies, to change that scenario. We seek to create an identity, a new culture. Today, there is European chocolate, American chocolate and ours, "tropical style".

Our entrance – still with the beans – into the international market resulted in a new regard towards Brazilian cacao. We were – and are – producing cacao of excellent quality. That fact was duly noted, both by high-end chocolatiers and by scholars at research centers. And those cacao growers who were doing a work of excellence were able to enter the international fine chocolate market.

Frederick Schilling points out that today, when a Brazilian cacao grower approaches a chocolatier, he is not regarded with disdain anymore. Producing cacao in Bahia has become a respectable and interesting calling card.

The fact that we've taken our beans straight to the Salon du Chocolat, the largest chocolate trade show in the world, where all the best chocolatiers meet, was not only decisive to publicize the cacao produced by the Badaró family farms, but it also drew attention to the whole cacao-producing region in Brazil, and therefore to the producers.

In 2012, reflecting this new scenario, Diego brought the international Salon du Chocolat to Salvador and hosted here the debate about the future of the cacao and chocolate markets worldwide.

THE SALON DU CHOCOLAT BAHIA 2012

For the big event's organization, Diego and Luiza relied on help from Mariana Marshall, someone who, even before she began working at the company, was interested in the "beautiful story, full of meaning" built by AMMA, and in the ideals it defended.

In her statement, she talks about that experience:

I read about AMMA as soon as the first items about the company appeared on the Brazilian press. I had just graduated from Law school, and in my final term paper, I wrote about geographical indications, arguing that culinary products from developing countries should be as well protected as iconic items from European cuisine are – such as *champagne*, *parmigiano reggiano*, *jamón pata negra*, among so many others. Sources were scarce, so I seriously needed to dedicate myself to research. Before I knew it, I had turned into a froth-at-the-mouth radical, rambling even over a beer with friends about the idea that emerging countries – especially Brazil, of course – have biodiversity and traditional knowledge that generate unique delicacies, and there's no reason why those products and the people who manufacture them shouldn't deserve strict WTO protection. I'd read everything I could lay my hands on about historical and geographical roots of foods that symbolized famous culinary cultures. I'd identify elements always present in the creation of those veritable cultural treasures: deep knowledge and pride of the people about their land, values and habits; concentration of production chains in multiple companies – usually run by families – who controlled everything from raw materials to the final product, supervised by an entity objectively committed to strict quality and procedures' criteria; and finally, powerful marketing.

I began to observe that the usual way, in emerging countries – and again, namely Brazil –, was exactly the opposite: producing commodities as exports and importing the finished product. Commanding knowledge about foreign fruit, dishes, wines and cheese and completely ignoring or despising traditional varieties and knowledge from our own country. After I graduated, I went to London and then Italy to study gastronomy, and it was in Europe that I became aware of a long-haired guy from Bahia who had just put on the market chocolate bars produced in Salvador, from cacao grown in the south of Bahia by himself, and that the bars were of impressive quality, not only by Brazilian standards, but also in comparison with their Swiss, French, Belgian or American counterparts. I remember I thought it an incredible coincidence that someone from Bahia should be living a story full of – practical – elements in common with my – theoretical – work for my Law term paper, written all the way down in Porto Alegre. (...)

When I read the 12-page article published in 2007 in *The New Yorker* magazine ("Extreme Chocolate") about Diego Badaró, Frederick Schilling and the beginning of their epic trajectory towards the rebirth of Brazilian cacao, I thought that, as talented as journalist Bill Buford was in his writing, he couldn't have made up all those fascinating and unusual details about the two. Their stories until they met, the way they came to know each other, the invitation by Diego and Luiza to open a chocolate factory together with Frederick and the path they were following to make it come true. It was all very unique. I thought, I have to work for those nutjobs.

Sometime later, my husband and I were arriving in Bahia – I had managed to get an internship at AMMA. (...) Diego didn't talk much, and I didn't know whether he was quiet by nature or if he already hated my guts. Kátia, his mother, I soon realized, was a force of nature, capable of spewing fire one second and pour infinite kindness the next. On the rides she'd give me, she'd tell

me a lot of stories about the Badaró family, the cacao and the saints of Bahia. I felt like a few windows were slowly opening up, windows through which I could see a little, still just a little, of that world.
When my internship ended, Diego and Luiza, together, told me they wanted me to stay and help them turn the dream of Salon du Chocolat Bahia into reality. Yes, that megaevent scheduled to happen four months later, about which nothing had been done yet.
The idea envisioned by Diego and Luiza was beautiful. You couldn't help but get excited about it. It would be a lot of work, and it was. Coordinating an event of such magnitude, taking care of every detail, from guests' schedules to assembling the stands; cutting through political, logistic and infrastructural red tape; transporting guests from the four corners of the world to Salvador, then to the south of Bahia, then back to Salvador, and from there back to their cities of origin; coming up with advertising and signage materials, press kits, doing the math, managing teams, welcoming 45,000 people to a Convention Center that has seen better days... When I stop and think about everything that was done, and the time, workforce and preparation constraints we faced, I'm incredulous even now. (...)
In the end, the apparent pipe dream became a reality, and as the guests landed in Salvador, coming from every part of the world, I couldn't even believe that it was really happening. It was beautiful, time flied, and it was worth every bit of our efforts.

The Salon du Chocolat is a strong brand in the chocolate world. Created by Parisian couple Sylvie Douce and François Jeantet, it's been celebrating the food of the gods for twenty years with a growing number of editions on every corner of the planet. (Always in the so-called developed world, where the consumer market willing to pay small fortunes for a box of chocolates is located...) At the core of it all is the glamour of superstar chocolatiers, with their creations that look more like jewels, their stands almost as luxurious as their stores in Tokyo and Paris, their dolmans (chefs' aprons) white and spotless.

On account of the way he arrived in Paris, the dream that brought him there, the work developed up until then, aiming at a rebirth of the cacao at the south of Bahia, and all that would happen ever since with the launching of the first AMMA chocolate in 2010, Diego became the official representative of the Salon du Chocolat in Brazil, holding exclusive rights to host a Brazilian version of the event.

The opportunity to hold the Salon for the first time in a cacao-producing country was impossible to pass: throughout the history of the Salon du Chocolat, the stars had always been the chocolatiers. It was high time to show the world that the real value in that productive chain was in the raw material, in the origin of cacao.

Therefore, the Salon in Bahia had to include a technical visit that would take chocolatiers and the press to the heart of the Atlantic Forest, in the south of the State, to see the cacao plantations under the shade of the forest and to make contact with the communities who lived off the cacao production, in order to understand the importance of paying premium prices for cacao that preserved, that reforested, that allowed workers to live with dignity, and that, yes, had unique and unquestionable sensorial qualities.

The Salon in Bahia also needed a moment of discussion, a panel to approach the social-environmental, economic and political aspects involved in the production chain of chocolate. It had to be an event with political oomph and engagement, a landmark for Brazilian cacao farming. And, of course, it couldn't be an event without celebration, joy, color; full of music, art and performance, lots of chocolate and lots of people. After all, we're talking about Bahia.

All of the ideas became reality and, all in all, the Salon du Chocolat Bahia 2012 was an attendance success, a memorable celebration and a rollercoaster of emotions.

BRAZILIANS MAKING CHOCOLATE: THE HUMAN SIDE

Søren Sylvest, from Denmark, director of the Chokolade Compagniet, appreciates the opportunity to come to Brazil not only for events like Salon du Chocolat, but also in other situations, especially to see up close the cacao-growing processes. He says:

> For me, more than the rebirth of cacao, the experience with AMMA was a change of paradigm. It represented a change in our perception of cacao, beginning to see it as a fruit. (...) The fact that it is organic, which I was only made aware of when I was already in Bahia, completed a very clear and coherent message of quality connected to the respect for nature.
>
> The fact that Diego is able to work personally on the fermentation at the farms, producing a tree-to-bar chocolate, is an enormous advantage in relation to bean-to-bar brands.[8] That generates impact, because ultimately people are so interested in the details and history behind each product that knowing something like that makes all the difference.

Søren also recognizes the importance in offering that experience to others: since 2013, small groups of his company's clients come to Bahia to visit the AMMA factory in Salvador and cacao plantations in the south – a unique, ludic and educational experience, which ensures that the message of flavor and knowledge about the Brazilian forest is spread among the Scandinavian public. On that respect, Søren continues:

---
[8] Chocolatiers who produce chocolate from beans, and not melting chocolate from other manufacturers.

Every time I go to Bahia, I make sure I take my sales team with me, because being in Bahia transforms people. You stop worrying about the time, you relax, and I want to transmit that to all of my clients. Everyone loves visiting the plantations, and taking retailer clients to that environment means you'll be able to count on educated ambassadors who'll convey the awareness of the whole chain to their own customers. Not only about AMMA, but about cacao growing as a whole, this is very special for them, those who work with chocolate. They come back to me saying, "That still is one of the best trips I've made in my life". Because it is such a unique opportunity. It's not something they would be able to do as tourists, walking through a cacao forest.

The Camboa and Monte Alegre Farms convey such a powerful message. And what pleases me the most is the spontaneity, because it doesn't look like anything corporate, we all feel something like a natural hospitality instinct, very characteristic of Bahia. That makes clear that AMMA wishes to be close to the people who work with their products, it's very human.

At the same time, after I've met Mariana, Diego and all the people who work at the factory, the human factor ended up being important as well.

Just like Søren, Mariana Marshall comments on the humanized approach that AMMA company and its creators have, and the preoccupation with quality, which begins with the handling of people and nature, and permeates the whole production process of chocolate:

Here, there are no cookie-cutter formulas, no corporate lingo, no isolated departments. No hypertrophy of one side of the brain at the cost of atrophying the other. AMMA is colorful, peculiar, unusual. It defies my brain cells and my senses every day.

Luiza has a rare generosity: she's glad to share the universe she inhabits, full of art, beauty, esthetic and philosophical references, translating the signs that guide AMMA ever since its creation so that they can be applied to all of the company's areas. She does that through sophisticated lessons and lectures, broadening the horizons of those who listen, instead of simply giving orders, as she could. Thanks to Luiza, our anti-corporate lingo doesn't mean a deficiency in systematization, on the contrary: at the cornerstones of AMMA, there is a logic much more rational and human than all the graphs, spreadsheets and manuals that organize common corporations.

Diego follows a very particular line of reasoning, very much his own. At the sensorial analysis sessions, he never says that a chocolate tastes like some fruit or smells like some flower. He links that bit of cocoa and sugar to complex sensations, like strolling through a wheat field in a cloud of jasmine on a mildly sunny and slightly breezy day. In the middle of a meeting, he can light a stick of guaiacum incense and begin walking around, fumigating the office and everyone in it, one by one.

Kátia Badaró, on the other hand, is AMMA's moving force: the person who is there every day; who knows about the part that broke down in the thresher and also about the trouble a female employee is facing with her family; who joyfully cooks veritable banquets for birthdays and Christmas luncheons with the whole team; who scolds (and then hugs) everyone in there, from the usher up to Diego; who has countless godchildren and helps and loves them all.

At the factory, the scene is basically this: Kátia running around, with her firm orders and loud laughs, stoking production full-throttle; the team with its peculiar characters, such as Adilson, former construction worker, possessed of such sensibility that he became Diego's sense of smell and taste when Diego himself can't be around. Neide, inventory manager, one day she's sour as a lemon, the next she is pouring sweetness all over me, calling me "binha" and laughing – almost – easily. Renata's impishness, Mira's singing, Urânia's ear-piercing guffaws. In the office, Vivi with her eight arms, taking care of a thousand things at the same time, always with an unshakable sunny disposition. She greets any visitors with a bear hug, answers the phone with such a "Good morning!" that you think it has to be indeed an excellent day, and pokes fun at all of us, especially at Ingrid, our refined, acidic and occasionally silent blonde.

The company is growing, but the energy is still the same. From here, I see more closely the direction this thing is taking and the impact it is already generating on the market. The other day, at a business lunch, the representative of the newly launched premium chocolate area at an entity representing the chocolate industry said something that puzzled me: In Brazil, the chocolate that fits into a specific price range is called premium, and that's it. It may even be because the packaging is stunning, because the line is named after some famous chef, it doesn't matter. This thing of using quality criteria is too subjective, therefore, better trust the objectivity of financial criteria, right?, he offered. All the stages in the careful production process of AMMA chocolate, all the crucial details in every phase of the process to create a superior chocolate, all the social-environmental implications, and also all the work already conducted in other parts of the world to systematize in an objective way the use of certain terms, seeking to add value to culinary products, flashed before my eyes. I couldn't agree with the gentleman who was telling me that monstrosity, so I was forced to change the subject. Then, alone, I mulled about how the road ahead of us was long and full of challenges. Good. If it were simple and easy, it certainly wouldn't be any fun to any of the people involved. ■

DIEGO, CAPITÃO DO MATO

TOM CARDOSO

Eu havia sido convocado por uma revista de São Paulo para entrevistar o jovem sócio-fundador e idealizador da recém-lançada AMMA Chocolates, que, por ser descendente direto de Sinhô Badaró, o temido coronel dos livros de Jorge Amado, fez-me julgá-lo, a distância, de forma apressada, carregada de estereótipos: achei que se tratava de mais um empresário "urbanóide", sem o mínimo traquejo e intimidade com a terra, que tentava pegar carona na "causa sustentável" (tão em voga e explorada pelo *marketing* das empresas), ao mesmo tempo que usava o mítico sobrenome da família Badaró para dar publicidade à sua marca de chocolate.

Havia errado em todos os meus "pré-conceitos". Bastaram alguns minutos ao lado de Diego para que eu passasse a enxergá-lo livre de reducionismos: descobri que era o menos Badaró dos Badarós. Impávido, de fala mansa e pausada, um autêntico "Buda nagô" (o epíteto que Gilberto Gil concedera a Dorival Caymmi), ele conseguira convencer, sem dar um grito, com muito diálogo, com uma paciência dorivalcayminiana, os trabalhadores de suas fazendas em Ilhéus e alguns produtores locais sobre a importância de vencer o terrorismo biológico valendo-se da única arma possível: a força da natureza. E melhor: o cacau estaria na linha de frente dessa reconquista.

Fui conhecendo a sua trajetória, narrada pelo próprio Diego, enquanto sua picape, guiada por ele, rompia a inóspita trilha rumo à fazenda Monte Alegre, onde ele mantém, em cima de uma pedra, uma espartana casinha de dois quartos, que servira de laboratório para as suas ideias e onde era possível tomar um inesquecível banho de rio.

Alguns anos depois, reencontrei-me com Diego ao ser convidado para compor a equipe de jornalistas que ajudaria a contar a história da AMMA e, sobretudo, da luta pelo renascimento do cacau no sul da Bahia, narradas neste livro. Atravessando a ponte Ilhéus-Pontal, onde se encontram e se misturam os rios Cachoeira, Engenho e Fundão, voltei a me deparar com uma história de grandes personagens, dos quais um é o Capitão do Mato, Diego Badaró.

244

4. DO CACAU AO CHOCOLATE, DO SONHO À REALIDADE:
PASSADO, PRESENTE E FUTURO

DIEGO BADARÓ

"...E O NOME BADARÓ NÃO QUERERÁ DIZER APENAS PASSADO, SERÁ TAMBÉM FUTURO."
(JORGE AMADO, EM SÃO JORGE DOS ILHÉUS)

Sou de uma família de cacauicultores. Meu tataravô chegou ao sul da Bahia para plantar cacau por volta de 1850. Há mais de 150 anos minha família se dedica ao cultivo do cacau. Nasci ouvindo as histórias da região contadas por minha avó Núbia, viúva de Humberto Badaró, que deixou para sua mulher e cinco filhos, dentre eles minha mãe Kátia, 28 fazendas de cacau e muita Mata Atlântica.

Com sete dias de vida eu fui para a fazenda de Ilhéus e fiquei muito tempo lá, porque minha mãe queria que eu ficasse nesse ambiente, perto de minha avó Núbia, do mato, das plantações de cacau. Tempos depois voltei para Salvador, mas passei a viajar, religiosamente, sempre nas férias de verão, para Ilhéus. Essa foi uma experiência importante, fundamental no meu crescimento – eu não era uma criança apenas com a vivência urbana. Cresci como um menino do mato e passei a ter um compromisso com a terra, uma missão.

Quando eu tinha 8 anos, minha mãe me deu uma casa no Riacho da Onça, no sertão da Bahia, região onde meu bisavô, o engenheiro João da Costa Borges, pai de minha avó Núbia, foi construir um açude. Até hoje nossa família se reúne nessa cidade, na época de São João, em torno da praça fundada por meu bisavô. Minha mãe e minhas tias organizam uma grande festa que reúne todo o povoado num grande desfile maluco de bumba-meu-boi!

Comecei a criar gosto pela terra também nas minhas andanças pelo Riacho. Sempre volto para lá, quando preciso me desligar um pouco de tudo, retomar minha ligação com a terra.

O gosto pela terra e pela Natureza me fez voltar para as fazendas do sul da Bahia. Uma terra exuberante de floresta densa e biodiversa. Diferente daquele sertão do Riacho, onde o povo reza por umas gotas de chuva para encher os açudes, as fazendas de cacau ficam na Mata Atlântica, onde chove dia sim dia não.

Com algumas exceções – a minha família é uma delas – muitos herdeiros dos grandes fazendeiros de cacau

cresceram sem a ligação com o fruto, com a terra, com o manejo. Eram filhos de cacauicultores, filhos de empresários ou profissionais liberais e moravam ou estudavam em Salvador, no Rio ou na Europa, longe das fazendas. Gente da cidade grande, que lidava com o cacau da maneira como lidava com qualquer outro produto. Não investiam nas fazendas o que ganhavam nas safras. A produção de cacau era muito generosa.

Quando a vassoura-de-bruxa chegou, todos foram pegos de surpresa. A descoberta trágica de que o fungo endêmico da Amazônia foi trazido para as terras do sul da Bahia numa ação criminosa e disposto de maneira a provocar uma disseminação avassaladora, devastando todas as plantações em muitíssimo curto prazo, levou pequenos, médios e grandes produtores de cacau ao desespero. Os herdeiros - aqueles que não estavam no dia a dia da lavoura - se viram sem nenhum recurso para continuar seu estilo de vida. Os cacauicultores que sustentavam suas famílias e filhos estudando nas grandes cidades, mas que estavam ali, na roça, junto dos trabalhadores, e todos os produtores em pequena ou grande escala, viram suas vidas acabadas. Muitos se mataram. Muitos se endividaram.

Até hoje, o grande problema da região é o nível de endividamento que essa década (1990-2000) fatídica acarretou aos produtores de cacau.

Meu avô Humberto morreu cedo, deixando o equivalente a 30 mil hectares de terra para minha avó administrar. Ela tinha uma ligação estreita com a terra, com o cacau, mas não podia cuidar de tudo aquilo sozinha, numa época em que tudo era mais difícil e que, mais tarde, foi agravada ainda mais com a chegada da vassoura-de-bruxa. Minha avó, depois de anos conduzindo sozinha, vendeu boa parte das fazendas e acabou indo morar em Salvador, depois de uma passagem por Itajuípe.

Algum tempo depois, em 2001 (quando estava com 21 anos), voltei para o Brasil depois de um intercâmbio nos Estados Unidos e entrei na faculdade de comércio exterior, ao mesmo tempo que comprei, por um preço bem em conta, a antiga fazenda de minha avó em Riacho da Onça. Era mais do que uma volta para o sertão. Era um chamado para cuidar da terra. Eu tinha sonhos, visões, e passei a perceber que eu tinha uma missão preservacionista, que se daria por meio do cacau, um fruto com essas características, que necessita da sombra das grandes árvores, além de depender, exclusivamente, da mão do homem. Foi aí que eu comecei a jornada de volta a Ilhéus para administrar as fazendas que ainda pertenciam à família e que estavam praticamente improdutivas depois da proliferação da vassoura-de-bruxa.

Eu queria implantar nas fazendas o conhecimento que eu havia adquirido por meio de aulas com o meu tio Domingos, com o Daniel Amparo e com a Ana Primavesi sobre manejo orgânico. Mas eu sabia que encontraria uma resistência muito grande, principalmente por parte dos trabalhadores. Depois de conversar muito com eles, de passar esses conhecimentos, começamos a plantar cacau com essas características numa das fazendas de minha mãe, a Natividade. Em seis meses começaram a nascer as primeiras folhas, mais lustrosas, mais resistentes. A floração começou a explodir e em um ano dobramos a produção.

Em 2003, numa viagem para a França visitando pequenos chocolateiros, comecei a me aproximar do universo do chocolate, que era para mim, até então, um mundo distante – não tinha qualquer apreço pelo chocolate vendido no Brasil, sempre com muito açúcar e pouco cacau. Em Paris comprei um livro que me inspirou muito: *The New Taste of Chocolate: a Cultural & Natural History of Cacao With Recipes*, escrito por Maricel Presilla, uma grande *chef* cubana que mora em Nova York. Pelo livro aprendi, com riqueza de detalhes, sobre a importância que o chocolate tinha no império asteca e a relação sagrada [com o chocolate], espiritual, também cultivada por outros povos. Foi o primeiro de muitos livros. Hoje eu tenho mais de 1.500 obras relacionadas ao chocolate. Mas o que o livro da Maricel me mostrou, naquela época, é que eu podia – e tinha o dever – de fazer essa conexão do chocolate com o cacau de Ilhéus. A inspiração para a AMMA começou aí.

Em 2004, em viagem para os Estados Unidos, eu comprei uma barra de chocolate da Dagoba e pensei: "Um dia os nossos caminhos vão se cruzar, e eu vou vender cacau para esses caras". Eu tinha um ótimo cacau em mãos, orgânico, forte, de grande qualidade, mas, em compensação, não havia no Brasil mercado para esse cacau mais fino. Só existiam algumas empresas multinacionais que compravam o cacau produzido no sul da Bahia e também importavam cacau de outros países para processá-lo na Bahia e mandar para fora de novo. Era um cacau vindo da Costa do Marfim, de Gana, da Indonésia, e misturado aqui com o cacau nativo, sem nenhum critério de qualidade. Ninguém se importava muito – o cacau não passava de uma *commodity*, uma matéria-prima com preço tabelado, que serviria como base para fazer o chocolate que era consumido pela grande maioria no mundo. Ainda hoje é assim: a grande produção industrial de chocolate no mundo inteiro, incluindo o Brasil, é feita com essa massa de cacau distribuída por empresas multinacionais processadoras.

Quando começamos a nossa produção de cacau orgânico, o chocolate *premium* representava apenas 5% do mercado. Mas era esse mercado que eu pretendia abastecer com o meu cacau.

Em 2005, surgiu em Ilhéus um francês, Nicolas Maillot, comprando grãos de qualidade. Começou a comprar o meu cacau. Foi o primeiro ano em que começou, de fato, um movimento de verdade na cidade, de procura por um cacau mais refinado, tanto que eu encerrei o ano de 2005 como o maior vendedor de cacau orgânico de Ilhéus. Eu comecei a trazer muitos chocolates feitos por artesãos de outros países, promovi degustações, passei a mostrar para os produtores que a qualidade do cacau tinha ligação direta com a qualidade do chocolate, que Ilhéus tinha

um potencial enorme para iniciar um novo ciclo produtivo, com o plantio orgânico na linha de frente.

No meio desse processo, nesse mesmo ano de 2005, eu coloquei vinte quilos de grãos na mochila e fui para o Salon du Chocolat, em Paris. Não conhecia ninguém pessoalmente. Uma das primeiras pessoas que conheci foi François Pralus, um *chocolatier* francês, de Roanne, muito respeitado. Ele adorou as nossas amêndoas e daquele momento em diante nos tornamos amigos de infância!

Pralus me ensinou muito. Desenvolvemos uma parceria que continua até hoje. Ele veio conhecer as fazendas e fez uma barra de chocolate de nome *Brésil*, com o nosso cacau, que faz parte de sua série. Em 2006, fizemos juntos o chocolate Diego Badaró. Foi uma experiência ímpar: ali, acompanhando a alquimia do chocolate, aprendendo com sua equipe, usufruindo de sua amizade e grande senso de humor.

No ano seguinte, também deixei uns grãos de cacau orgânico no estande da Dagoba, empresa do Frederick Schilling, no Salão do Chocolate de Nova York. A sintonia com o Frederick foi imediata: depois dos primeiros contatos, ele passou uns dias na fazenda em Ilhéus e saiu de lá com o nosso convite para começar uma parceria e produzir o primeiro chocolate *premium* feito diretamente do nosso cacau orgânico. Em 2007, formalizamos, eu, Luiza e Frederick, a parceria para criar a nossa fábrica.

Em 2008, organizei, junto aos produtores de cacau de qualidade da Bahia, a participação do Brasil no Salão do Chocolate de Paris. Até então, apenas eu e Luiza, com o nosso cacau e o chocolate feito em Roanne, representávamos o Brasil (em 2006 e 2007) neste que é o maior evento de chocolate do mundo. Naquele ano de 2008, com a participação de mais produtores brasileiros, houve a palestra

de Michel Barrel, pesquisador do Cirad e uma das maiores autoridades mundiais em frutas tropicais. Ele começou a falar sobre a produção da América do Sul, dizendo que o Brasil não produzia cacau de qualidade. Eu pedi a palavra, afirmando que ele não estava atualizado sobre algumas ações em Ilhéus, na área de plantio orgânico que produzia, sim, cacau de excelente qualidade. Barrel, apesar de considerar o cacau Badaró de alta qualidade, achava que o nosso era um caso isolado e pensava que a região, de uma maneira geral, não produzia cacau de qualidade, porque ele ainda levava em conta apenas o período de decadência, quando houve a queda da produção depois da vassoura-de-bruxa, e quando as multinacionais, produtoras de massa de cacau para a grande indústria, passaram a importar para o Brasil e a misturar com o cacau produzido aqui, todo tipo de cacau, de diversas procedências, a maioria de péssima qualidade. O cacau da Bahia era, até então, de ótima qualidade e voltou a ser excelente com o manejo orgânico. Eu disse isso a Barrel e contei, inclusive, com apoio de Laurence Allemano, que havia feito o teste de radiestesia com nosso chocolate (ainda as barras "Diego Badaró") em Paris e que nesse dia estava na bancada. Nesse teste, o nosso chocolate foi considerado um dos mais dinâmicos, originais e naturais entre muitos.

Em 2009, ano seguinte, quando lançou mais um livro sobre cacau, Barrel me deu um exemplar com uma dedicatória: "Para Diego, que mudou minha opinião sobre o cacau brasileiro". Ele havia feito novas pesquisas e reconhecido o valor do nosso cacau.

Nesses mesmos dois anos (2008 e 2009), meu amigo e parceiro nessa luta de renovação da economia do cacau na Bahia, João Tavares, ganhou, com suas amêndoas de cacau, o prêmio máximo de qualidade entre todos os cacaus das mais diversas regiões do mundo, atribuído pelo Salon Internacional du Chocolat em Paris.

Alguns anos depois do lançamento do chocolate AMMA (em 2010) e da estreia dessa nossa marca nos mercados nacional e internacional, imprimindo a qualidade do cacau, contando que o cacau é um fruto brasileiro e quebrando estigmas do mercado – que até a existência do nosso AMMA acreditava

que o Brasil não era capaz de fazer um chocolate de excelência –, estamos muito orgulhosos de constatar que outros produtores de cacau tenham voltado a acreditar neste plantio e que estejam desenvolvendo suas próprias marcas de chocolate, reforçando assim nossa tese de que podemos, juntos, nós, produtores de cacau no Brasil, criar uma região de alta qualidade, não só da produção de cacau, mas de chocolate de origem, *terroir*.

Também é motivo de orgulho que chocolateiros brasileiros e internacionais usem o cacau do sul da Bahia e da Amazônia, e que consumidores, apaixonados que estão pelo chocolate das florestas do Brasil, se deliciem com as biodiversas nuances de sabores desta iguaria, e assim contribuam para o fortalecimento de uma cadeia produtiva que começa com o homem na terra, imprimindo valor e preservação de nossas florestas, e termina na química dos cérebros de todos os habitantes deste planeta, gerando prazer e desejo de amor.

O chocolate é considerado um dos alimentos mais completos encontrados na natureza. Quanto mais chocolate produzirmos e consumirmos, mais florestas manteremos em pé, mais cacau plantaremos, mais pessoas passarão a voltar para o campo e a viver dele. E assim iremos restabelecer o cinturão tropical (única região onde há cacau), que contribui na regulagem da temperatura de todo o planeta.

Eu quero fazer a minha parte. Eu quero conseguir realizar o meu sonho de recuperar, com o cacau, pelo menos 100 mil hectares de Mata Atlântica e expandir a consciência da importância da preservação das florestas para a qualidade de vida de todo o planeta.

Que muitos outros homens e grupos humanos possam recuperar muitos milhões de hectares de floresta em toda a nossa costa Atlântica, para garantir a água que bebemos, o ar que respiramos e os alimentos que nos sustentam.

As pessoas costumam presentear com chocolate. Isso é um gesto de amor. Plantar cacau e fazer chocolate é meu gesto de amor à Natureza – a fonte de todas as vidas do nosso planeta. O chocolate é o mais puro sabor e a mais bela tradução do saber de nossas florestas. ■

DIEGO, THE CAPTAIN OF THE WOODS

TOM CARDOSO

I had been summoned by a São Paulo magazine to interview the young founding partner and creator of newly launched AMMA Chocolates, who, being a direct descendant from Sinhô Badaró, the feared colonel in Jorge Amado's books, made me judge him, remotely, in a hurried fashion, laden with stereotypes: I thought he was just another "urbanoid" entrepreneur, without any *savoir faire* or familiarity with the land, who was trying to hitch a ride on the "sustainable cause" bandwagon (so en vogue and exploited by companies' marketing departments), while using the mythical family name of Badaró to advertise his chocolate brand.

I was wrong in all of my early conceptions. It took only a few minutes near Diego Badaró to make me see him free from any reductionism: I found out that he was the least Badaró among the Badarós. Fearless, talking smoothly and with many pauses, a veritable "Buda nagô" (the epithet Gilberto Gil granted Dorival Caymmi), he managed to convince, without a single yell, with lots of talk, with a Dorivalcaymmian patience, his workers in Ilhéus and a few local producers about the importance of defeating biological terrorism using the only possible weapon: the force of nature. Even better: cacao would be on the frontline of that reconquering effort.

I got to know his trajectory, narrated by Diego himself, while his pickup truck, with him at the wheel, braved the hostile trail towards Monte Alegre Farm, where he maintains, on top of a rock, a Spartan two-room house, which acts as laboratory for his ideas and from where it is possible to take an unforgettable bath in the river.

A few years later, I met Diego again when I was invited to join the team of journalists who would help tell AMMA's story and, above all, the story of the rebirth of cacao in the south of Bahia, narrated in this book. Crossing the Ilhéus-Pontal bridge, where the Cachoeira, Engenho and Fundão rivers meet and mix, I revisited a story with great characters, one of which is the Captain of the Woods, Diego Badaró.

4. FROM CACAO TO CHOCOLATE, FROM DREAM TO REALITY:
PAST, PRESENT AND FUTURE

DIEGO BADARÓ

> "...AND THE NAME BADARÓ SHALL NOT MEAN JUST THE PAST, IT WILL ALSO BE THE FUTURE."
> (JORGE AMADO, IN *THE GOLDEN HARVEST*)

I come from a family of cacao growers. My great-great-grandfather came to the south of Bahia to plant cacao around 1850. For more than 150 years, my family have dedicated themselves to cacao growing. I was born hearing stories about the region, told by my grandmother Núbia, widow of Humberto Badaró, who left to his wife and five kids, among them my mother Kátia, 28 cacao farms and lots of Atlantic Forest.

Seven days after I was born, I went to the farm at Ilhéus and I stayed there a long time, because my mother wanted me to be in that environment, near my grandmother Núbia, near the woods and the cacao plantations. Later, I came back to Salvador, but I began to travel, religiously, always in the summer vacation, to Ilhéus. It was an important experience, fundamental to my growth – I was not a kid who knew only the urban life. I grew up as a child from the woods, and I made a commitment with the land, I had a mission.

When I was eight years old, my mother gave me a house in Riacho da Onça, in the *sertão* of Bahia, a region where my great-grandfather, João da Costa Borges, an engineer, my grandmother Núbia's father, built a water reservoir. Today my family still gets together in this town, around the time of São João's festivities, on the square founded by my great-grandfather. My mother and my aunts organize a big celebration that reunites the whole village for a big, zany *bumba-meu-boi* parade!

I also began loving the land when I used to roam about Riacho. I always go back there when I need to tear myself off everything, to reconnect with the land.

The love for the land and for Nature made me go back to the farms in the south of Bahia. An exuberant region with a thick, biodiverse forest.

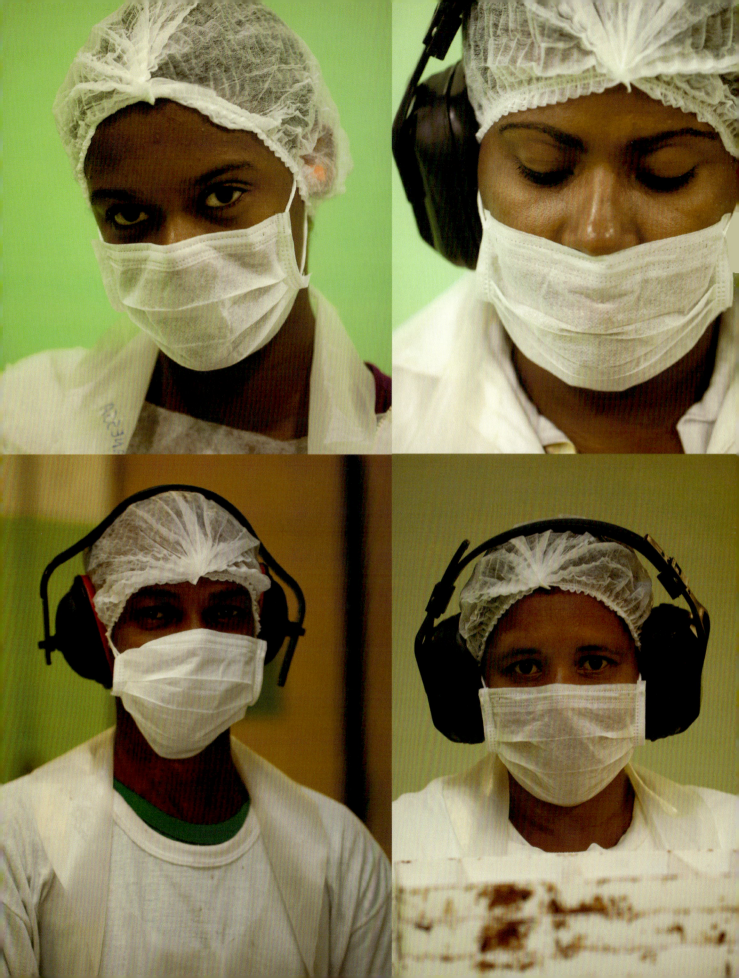

CHOKOLADEMANDEN
fra regnskoven

30-årige Diego Badaró er 5. generation af kakaodyrkere. Den unge ildsjæl har konverteret familiens tre plantager til 100 procent økologi og producerer i dag nogle af verdens fineste økologiske kakaobønner i den brasilianske regnskov.

Diego Badaró er en usædvanlig karismatisk mand. Med sorte krøller, solbrun hud og øjne, der gløder, når han taler om sin passion: bæredygtig kakaodyrkning og chokoladeproduktion.

Som en anden brasiliansk Willy Wonka fra Charlie og Chokoladefabrikken har den unge chokolademager skabt et navn for sig selv og sin familie, og han har ikke fået det forærende. I 1991 ødelagde en svampeinfektion de fleste af familiens 100 år gamle kakaotræer og lagde store dele af Brasiliens plantager øde, men Diego Badaró har med en nærmest kosmisk kræft formået at vende hele bønnen om og har konverteret familiens tre kakaoplantager i regnskoven i Bahia-distriktet i det nordøstlige Brasilien til ren økologi. I dag producerer Diego Badaró og hans crew noget af verdens bedste økologiske chokolade under navnet AMMA.

STOLTHED OG GIFTSLANGER

Diego Badaró har chokolade i blodet. Som 5. generation af kakaodyrkere var det naturligt for ham at arbejde med plantagebruget. Og han var så stolt af sit arbejde med omlægningen af regnskovsplantagen og ikke mindst resultatet af det, at han i 2007 sendte en pakke med 100 af sine kakaobønner med posten til USA. Modtageren var Frederick Schilling, grundlægger af af de betydeligste økologiske chokolademærker 'over there'. Det blev starten på et samarbejde og grundstenen til AMMA, som nu er en af de største chokoladeproducenter i Brasilien.

Diego Badarós livsfilosofi er inspireret af de gamle indianere i regnskoven, som levede i total harmoni og balance med naturen og deres omgivelser. Med ›

en grundlæggende forståelse af, at hvis vi tager, så giver vi tilbage, producerer Diego Badaró på 11. år bæredygtig chokolade.

– Alt, hvad der bevæger sig i og på kakaoplantagerne, skal være i balance, siger han. Også selvom det betyder, at man dermed er nødt til at farme en af verdens farligste slanger, ja, så gør han det, for at økosystemet på plantagen bevarer sin optimale balance! (Og ja – det med slangerne skabte ærefrygt, da fotografen og undertegnede besøgte skovplantagen i Brasilien – med gummisko på fødderne!). Kakaotræerne vokser derfor også i skyggen af regnskovens øvrige træer, så bananpalmer og sapoti, en sød tropisk frugt, skærmer kakaotræerne mod den bankende hede sydamerikanske sol – på en gang smart og naturligt.

OMTANKE FRA BØNNE TIL BAR

Produktionen af AMMA-chokoladen bliver skabt med stor omtanke fra bønne til bar. Selvom Diego Badaró er blevet en succesfuld kakaofarmer, svanger han stadig til nærhed i produktionen. Fx bliver kakaobønnerne profilristet i mindre portioner på en gammel kafferister, hvilket er noget helt andet end den storproduktion, der ellers findes på chokolademarkedet. Selv kalder Badaró sine kakaobønner for 'children of the rainforest', og han taler om 'the rainforest's wisdom'. For et moderne dansk menneske lyder det måske hippieagtigt, men for Diego Badaró er det et udtryk for den naturlige respekt, han har for regnskoven og de afgrøder, han dyrker der, og det kan smages i hans chokolader. Fx har han 75 procent økologisk chokolade en let syrlig tone af overmodne tropiske frugter kombineret med en god bitterhed og ren kakaosmag. Som en bid af regnskoven!

– Den brasilianske regnskov har den største biodiversitet per kvadratmeter på hele planeten. Og vores kakao bliver plantet i skyggen af det og gror i komposten fra frugterne, siger Diego Badaró. – Det kan den trænede tunge smage! Man kan roligt kalde AMMA for terroir-chokolade, altså en chokolade med smagssærpræg fra det miljø, bønnerne er dyrket i, og i 2012 vandt Diego Badaró da også en 'Growing Country Chocolate Award' for sin 45 procent chokolade ved World Chocolate Awards. Hvis du vil smage de vilde regnskovschokolader, er der adskillige at vælge imellem, og kakaoproducenten varierer fra 30 og op til 100 procent. Sidstnævnte vil for de fleste smagløg egne sig bedst i madlavning.

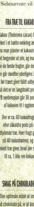

ILDSJÆL

FRA TRÆ TIL KAKAO

Kakao (Theobroma cacao) bliver dyrket i et bælte omkring ækvator. Fra man planter et kakaotræ, til det begynder at yde, og man kan høste de første frugter, går der 3-4 år. Der går derefter yderligere 3-4 år, før træet giver fuldt udbytte, og det er en langstrakt proces. På verdensplan går 30 procent af kakaoen til i sygdom.

Der er ca. 60 kakaofrugter eller såkaldte pods på et fuldtbærende træ. Hver frugt gemmer på 40 kakaobønner, og et plantet træ giver, hvad der svarer til ca. 1 kilo ren kakao.

SMAG PÅ CHOKOLADEN

Den optimale måde at smage på chokolade på, er at knække nogle små stykker af og lade dem ligge på tungen og smelte langsomt, hvorved chokoladen begynder at kaste forskellige smagsnoter rundt i munden. Gentag fx to gange, og registrér de forskellige smagsindtryk, som tropiske frugter, jord, tobak, blomster osv.

> "Den brasilianske regnskov har den største biodiversitet pr. kvadratmeter på hele planeten. Og vores kakao bliver plantet i skyggen af det og gror i komposten fra frugterne."
> — DIEGO BADARÓ, CHOKOLADEPRODUCENT

> "Første gang jeg smagte AMMAs 75 procent chokolade, var det første, der slog mig, den let syrlige tone af overmodne tropiske frugter, kombineret med en skøn bitterhed og ren kakaosmag. Som en bid af regnskoven!"
> — CARSTEN KYSTER, KOK OG MADKRIBENT

AF CARSTEN KYSTER FOTO COLUMBUS LETH

Different from Riacho da Onça, in the *sertão*, where people pray for a few drops of rain to fill the reservoirs, the cacao farms are located in the Atlantic Forest, where it rains every other day.

With a few exceptions - my family is one of them -, many heirs of the great cacao farmers grew up with no connections to the fruit, to the land, to the handling of it. They were the children of cacao growers, businesspersons or professionals, and lived or studied in Salvador, Rio de Janeiro or Europe, away from the farms. Big city people, who dealt with cacao as they would deal with any other product. They didn't invest back in the farms what they earned with the crops. Cacao production was very generous.

When the witches' broom came, everyone was taken by surprise. The tragic discovery that the fungus, endemic to the Amazon, had been brought to the south of Bahia through a criminal action and placed purposefully in order to trigger an overwhelming dissemination, devastating all the plantations in an absurdly short time, drove small, medium and large producers to despair. The heirs - those who didn't participate in the farm's daily life - saw themselves deprived of any resources to carry on with their lifestyle. The cacao growers who supported their families and their children studying in the big cities, but who were there, on the land, alongside the workers, and all the small-scale producers, saw their lives ruined. Many killed themselves. Many went into debt.

To this day, the biggest problem in the region is the level of debt that this fateful decade (1990-2000) caused among cacao producers.

My grandfather Humberto died young, leaving the equivalent to 75,000 acres of land for my grandmother to manage. She had a close tie to the land, to cacao, but couldn't manage all those properties alone, in a time when everything was more difficult, and which later was further aggravated by the arrival of the witches' broom. My grandmother, after years managing it all alone, sold most of the farms and ended up going to live in Salvador, after spending sometime in Itajuípe.

Sometime later, in 2001 (when I was 21), I came back to Brazil after living in the US as an exchange student, and began studying Foreign Trade in college, the same year I bought, real cheap, my grandmother's old farm in Riacho da Onça. That was more than going back to the *sertão*. It was a calling to look after the land. I had dreams, visions, and I started to realize I was on a conservation mission, which I would accomplish through cacao, through a fruit with those characteristics, which needs the shade of big trees, besides depending exclusively from man. It was then that I began my journey, going back to Ilhéus to manage the farms that still belonged to my family and that were practically unproductive after the proliferation of the witches' broom.

I wanted to implement on the farms the knowledge I had acquired, through lessons with my uncle Domingos, with Daniel Amparo and with Ana Primavesi, about organic handling. But I knew I'd meet with a strong resistance, especially on the workers' part. After a lot of talking to them, of sharing this knowledge, we began planting cacao with those characteristics in one of my mother's farms, Natividade. Within six months, the first leaves started sprouting, more shiny, more resilient. The trees began to bloom, and within a year we doubled production.

In 2003, on a trip to France, visiting small chocolatiers, I began to get closer to the chocolate universe, which was to me, up until then, a distant world – I didn't have any appreciation for the chocolate sold in Brazil, which always contained lots of sugar and little cocoa. In Paris, I bought a book that was a great inspiration: *The New Taste of Chocolate: A Cultural & Natural History of Cacao With Recipes*, written by Maricel Presilla, a great Cuban chef who lives in New York. Through the book I learned, with richness of detail, about the importance chocolate used to have in the Aztec Empire and the sacred, spiritual relationship [with chocolate] also cultivated by other peoples. It was the first of many books. Today I possess more than 1,500 works related to chocolate. But what Maricel's book has shown me, back then, was that I could – and I had the duty to – make that connection of chocolate with Ilhéus' cacao. The inspiration for AMMA began right there.

In 2004, on a trip to the US, I bought a Dagoba chocolate bar and I thought, "One day I'm gonna cross paths with these guys, and I'm gonna sell cacao to them". I had some great cacao on my hands, organic, strong, top quality, but on the other hand, in Brazil there wasn't a market for this finer cacao. There were only a few multinational companies that bought the cacao produced in the south of Bahia and also imported it from other countries to process them in Bahia and send them abroad again. It was cacao brought from the Ivory Coast, Ghana, Indonesia, and mixed here with native cacao, without any quality criteria. No one cared much about that – cacao was nothing more than a commodity, a fixed-price raw material, which was used as a basis to make the chocolate consumed in the largest part of the world. Today, it's still like that: the great industrial production of chocolate all over the world, including in Brazil, is done with that cacao mass distributed by multinational processing companies.

When we began our organic cacao production, premium chocolate represented only 5% of the market. But it was to that market that I intended to supply my cacao.

In 2005, a Frenchman, Nicolas Maillot, came to Ilhéus and started to buy quality beans. He began buying my cacao. It was the first year in which there was actually a

real movement in town seeking a more refined cacao, so much so that by the end of 2005 I was Ilhéus' top seller of organic cacao. I started bringing many chocolate brands done by chocolatiers from other countries, I organized tastings and began to show to producers that cacao quality had a direct relation to chocolate quality, that Ilhéus had an enormous potential to start a new productive cycle, with organic agriculture at the forefront.

In the middle of that process, in that same year of 2005, I put 45 pounds of beans in my duffel bag and went to the Salon du Chocolat, in Paris. I didn't know anyone in person. One of the first people I met there was François Pralus, a French chocolatier from Roanne, very respected. He loved our beans, and from that moment on we became childhood friends!

Pralus taught me a lot. We developed a partnership that endures even today. He came to visit the farms and created a chocolate bar named Brésil, with our cocoa, as part of his series. In 2006, we created together the Diego Badaró chocolate. It was a peerless experience: following the chocolate alchemy, learning from his team, enjoying his friendship and his great sense of humor.

The following year, I also left some organic cacao seeds at the stand of Dagoba, Frederick Schilling's company, when I went to the Chocolate Salon in New York. Frederick and I clicked right away: after the first contacts, he spent a few days at the farm in Ilhéus and departed with my

invitation to strike a partnership and produce the first premium chocolate made directly from our organic cacao. In 2007, we formalized, Luiza, Frederick and I, the partnership to create our factory.

In 2008, I organized, along with Bahia's quality cacao producers, the participation of Brazil in the Salon du Chocolat Paris. Up until then, only Luiza and I, with our cacao and the chocolate made in Roanne, had represented Brazil (in 2006 and 2007) in this, which is the largest chocolate trade show in the world. In that year of 2008, with the participation of more Brazilian producers, there was a lecture by Michel Barrel, researcher for Cirad and one of the top authorities in the world on tropical fruit. He started talking about the production in South America, saying that Brazil didn't produce quality cacao. I raised my hand and declared that he wasn't up to date about a few actions in Ilhéus, in the organic plantation area, where we indeed produced excellent quality cacao. Barrel, in spite of considering Badaró cacao to be high quality, thought that ours was an isolated case and that the region, as a whole, didn't produce quality cacao, because he was still taking into account only the period of decadence, when there was the drop in production after the witches' broom, and when the global producers of cacao mass for the big companies began importing to Brazil all kinds of cacao, from several sources, most of the worst quality, and mixing with

the cacao produced here. The cacao from Bahia had, up until then, excellent quality, and became excellent again with organic handling. I said that to Barrel and I was even backed up by Laurence Allemano, who had performed a radiesthesia test on our chocolate (still on the "Diego Badaró" bars) in Paris, and was sitting on the panel on that day. That test considered our chocolate one of the most dynamic, original and natural among many.

In 2009, the following year, when he released another book about cacao, Barrel gave me a copy with this dedication: "To Diego, who changed my opinion about Brazilian cacao". He had done new research and recognized the value of our cacao.

Those same two years (2008 and 2009), João Tavares, my friend and partner on this struggle for the renovation of cacao economy in Bahia has won, with his cacao beans, the highest quality prize among all the products from the most different regions in the world, awarded by the Salon International du Chocolat in Paris.

A few years after the launching of AMMA chocolate (in 2010) and the release of our brand on the national and international markets, imprinting the quality of cacao, telling people that cacao is a Brazilian fruit and breaking a stigmatization from the market, which until the appearance of our AMMA believed that Brazil wasn't capable of producing excellent chocolate, we're very proud to see that other cacao producers have restored their belief in this crop and are developing their own chocolate brands, thus reinforcing our thesis that we can, together, we, Brazilian cacao producers, create a high-quality region, not only for cacao production, but for the manufacturing of origin, *terroir* chocolate.

It also makes us proud that Brazilian and international chocolatiers use cacao from the south of Bahia and the Amazon, and that consumers, being in love with the chocolate made in the Brazilian forests, delight themselves with this delicacy's biodiverse nuances of flavor, thus contributing to strengthen a productive chain that begins with man on the land, imprinting value and the conservation of our forests, and ends in the brain chemistry of all the inhabitants of this planet, generating pleasure and the will to love.

Chocolate is considered one of the most complete foods found in nature. The more chocolate we produce and consume, the more forests we will preserve, the more cacao we will plant, the more people will go back to the groves and live off them. That way we will reestablish the tropical belt (the only region where there is cacao), which contributes to regulate the planet's temperature.

I want to do my part. I want to fulfil my dream of recovering, with cacao, at least 250,000 acres of Atlantic Forest and expanding the awareness of the importance of forest preservation for the quality of life on the whole planet.

I hope that many other people and human groups can recover many millions of acres of forest all over our Atlantic coast, to guarantee the water we drink, the air we breathe and the food that sustains us.

People use chocolate as a gift. That is a gesture of love. Planting cacao and making chocolate is my gesture of love towards Nature – the source of all life on our planet. Chocolate is the purest flavor and the most beautiful translation of our forests' wisdom. ■

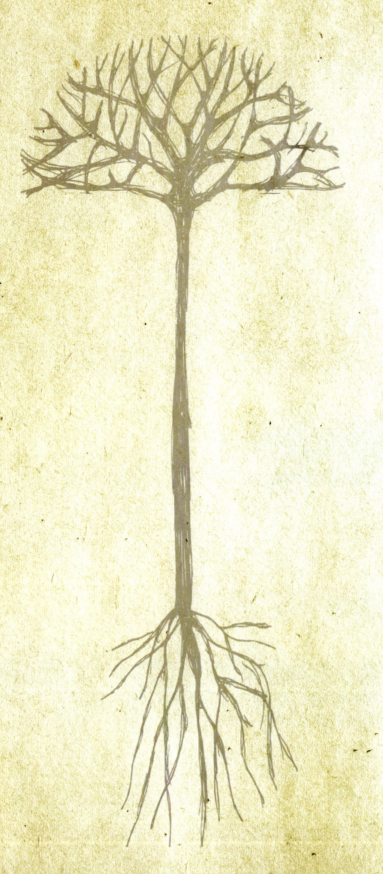

AGRADECIMENTOS

Álvaro Villela
Ana Nogueira
Anna Naldi
Anna Virgínia
Bruno Fraga
Claudio Luiz Pereira
Elvis Nunes
Fernanda Wanderley
Flávia Cezar
José Nazal Pacheco Soub
Lázaro Menezes
Libânia Silva
Lívia Assunção Brito
Luzia Ventura
Maria Helena Soares Miranda
Renata Souza
Roberta Rodrigues
Rodrigo Antônio de Castro Passos
Valquíria Gentil
Vilson Oliveira Martins
Walter Silva
William Cabral Miranda

CRÉDITOS ICONOGRÁFICOS

Págs. 4-5, 9, 10-11, 14-15, 22, 24-25, 30-31, 41, 42-43, 45, 48-49, 56-57, 64, 66-67, 74-75, 77, 78, 80, 84-85, 87, 90-91, 103, 108-109, 110, 111, 122, 128-129, 130-131, 132, 136, 141-142, 148-149, 150-151, 156, 158, 161, 166-167, 169, 178, 189, 214-215, 216, 217-218, 220, 222-223, 227, 228, 230-231, 232, 236-237, 238-239, 251, 252, 253, 258-259, 272-273, 274, 278-279, 280 - Fotos de Christian Cravo

Págs. 6, 7, 8, 13, 16, 20, 23, 32, 34, 39, 46-47, 50-51, 52-53, 54-55, 58-59, 60-61, 68-69, 70-71, 82-83, 89, 93, 96-97, 116-117, 118-119, 126-127, 141, 143-144, 147, 152-153, 162, 170-171, 196-197, 198-199, 208-209, 224, 242-243, 247, 250, 256-257, 276, 277, 288 - Fotos de Diego Badaró e Luiza Olivetto/Colagens e pinturas de Luiza Olivetto

Págs. 18, 37, 98 (acima e abaixo à direita), 207, 241, 254 - Governo do Estado da Bahia/Secretaria da Cultura/ Fundação Pedro Calmon - Centro de Memória e Arquivo Público da Bahia

Pág. 19 - Acervo da Biblioteca Pública do Estado da Bahia

Págs. 26, 62, 120-121, 177, 181-182, 186-187, 200, 245, 266-267, 268, 269, 281 - Fotos de Victor Affaro

Págs. 28, 35, 113, 114, 115, 205 - Museu do Cacau/Secretaria da Agricultura do Estado da Bahia

Págs. 105 - Antonio Santos Ferreira (Foto de Christian Cravo)

Págs. 72, 172, 184, 212-213 - Pedro Gomes Jardim (Fotos de Christian Cravo)

Págs. 73, 206, 210-211, 240 - Governo do Estado da Bahia/Secretaria de Cultura/Instituto do Patrimônio Artístico e Cultural da Bahia/ Diretoria de Museus/Museu Tempostal

Págs. 94-95, 98 (centro), 154-155, 255 - Acervo da Fundação Biblioteca Nacional

Pág. 99 - Fotos Pierre Verger/Fundação Pierre Verger

Págs. 100-101 - Carlos Silvanildo, Diego Badaró, Luciano Silva, José Carlos dos Santos

Págs. 102, 191, 193, 195, 200, 203, 242-243, 245, 260 - Diego Badaró

Pág. 107, 243 (à direita/centro) - Jesaias Lima Rocha, Antonio Santos Ferreira e Rosivaldo Teodoro de Jesus

Pág. 112 - Acervo Artur Neiva BR BACMB AN RJ 02/52 - Fundação Pedro Calmon/ Centro de Memória da Bahia

Pág. 124 - Douglas de Jesus Jardim dos Santos

Pág. 135 - Raimundo Kruschewsky (Popoff)

Pág. 157 - Marcus Vinicius de Paula Nascimento e Diego Badaró

Pág. 164, 185 - Derivaldo Bispo dos Santos (Foto de Christian Cravo)

Págs. 170-171, 175, 181, 190, 249, 271 - Fotos de Christian Cravo com intervenção artística de Luiza Olivetto

Págs. 192 e 203 - Diego Badaró e Frederick Lee Schilling

Pág. 194 - Luiza Olivetto (Foto de Gabriel Gatto)

Pág. 228 - Rosivaldo Teodoro de Jesus (Foto de Christian Cravo)

Pág. 263 - Elane Santos dos Reis, Audemira Reis da Cruz, Ana Cristina Reis Santana, Adilson Santos Queiroz (Fotos de Christian Cravo)

Págs. 264-265 - Revistas e Jornais: Revista Gula, Carta Editorial, Revista Personnalité, Caderno Paladar/Estadão Conteúdo, FolhaPress, Revista Mad & Bolig / Columbus Leth

Págs. 266-267, 268 - Adilson Santos Queiroz (Fotos de Victor Affaro)

Pág. 269 - Audemira Reis da Cruz (Foto de Victor Affaro)

Pág. 281 - Luiza Olivetto (Foto de Victor Affaro)

Págs. 282-283 - Adelmo Serafim da Costa, Adilson Santos Queiroz, Aline França dos Santos Gomes, Ana Cristina Neri Santana, Ana Elisa de Moura Pereira Rodrigues, Andréa Ferreira da Silva, Audemira Reis da Cruz, Carlos Bonfim, Daiane Marcele dos Santos, Daniela Celli, Diego Badaró, Elane Santos dos Reis, Elier Barreto da Silva, Gabriel Guimarães Gatto, Janete Gonçalves da Silva, Josilene de Sena Santos, Jussara Santos Silva, Kátia Badaró Rossi, Larissa Mairowski, Larissa Valtrudes Boaventura, Marcel Borges Conceição, Maria da Conceição de Jesus, Maria Victoria Ferfer Queiroz, Mariana Ribeiro Campos, Marilene Ângela de Jesus, Marina Pasquini Brasil, Nivaldo Almeida dos Santos, Pedro Andrade Weber Corrêa Braga, Renata Silva Santos, Richard A. Camargo, Rogério Manoel Cardoso Teixeira, Victoria Goulart Mendes Miranda, Viviane Costa dos Santos

Págs. 284-285 - Ananda de Azevedo Lopes, Clarissa Nogueira Fahél, Daiane Marcele dos Santos, Daniela Celli, Diego Badaró, Elier Barreto da Silva, Gabriel Guimarães Gatto, Isadora Taglietti Nery, Janete Gonçalves da Silva, João Lucas Oliveira Souza, Josilene de Sena Santos, Júlia Nogueira Magalhães, Kátia Badaró Rossi, Larissa Mairowski, Larissa Valtrudes Boaventura, Luiza Olivetto, Marcel Borges Conceição, Maria Fernanda Baleeiro Chagas, Maria Fernanda Falcão Dias Pinheiro, Maria Paula Rodrigues Souza Andrade, Mariana Brito de Magalhães Garcez, Natália Ribeiro da Silva, Otaviano Freitas Conceição Junior, Pedro Andrade Weber Corrêa Braga, Richard A. Camargo, Thainara Santos do Carmo, Victoria Goulart Mendes Miranda, Viviane Costa dos Santos

Todos os esforços foram feitos para contatar os detentores dos direitos das imagens. Pedimos desculpas caso tenhamos cometido algum equívoco nos créditos e solicitamos que entre em contato com a editora para que possamos corrigi-lo na próxima edição.

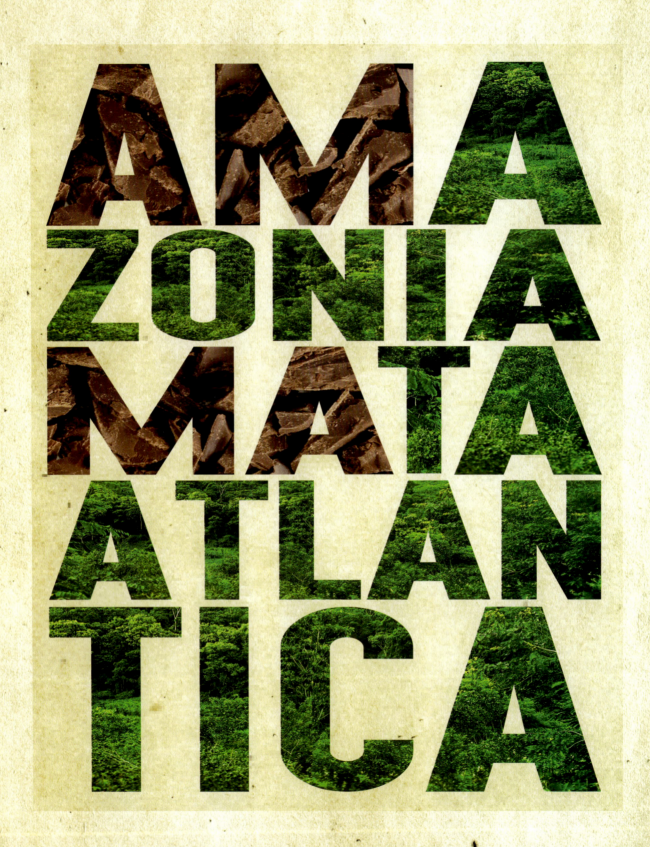

Este livro foi composto com as fontes Andale e Edo, impresso em papel couché fosco 120g/m², certificado FSC, acabamento com capa dura, nas oficinas da Art Printer Gráficos Ltda., em julho de 2016.